초등 독해 **12주** 완성 [**선사 시대~조선 전기**]

한국사 잡는 독해

1

윤유리 그림

지에밥 창작연구소 지음

[지에밥]
giebap

이 책을 확 잡는 방법

"한국사 이야기는 재미있는데 시험은 왜 싫을까?"

"지문에서 어려운 낱말을 만나면 왜 그만 읽고 싶을까?"

"지문을 다 이해한 것 같은데 왜 국어 점수는 나오지 않을까?"

한국사와 독해에 대한 이런저런 고민을 한 적이 있나요?

이 모든 것이 한국사와 읽기 자료에 대한 흥미를 제대로 이끌어 내지 못했기 때문이에요.

우리 민족이 마땅히 알아야 할 한국사를 재미있게 읽으려면 어떻게 해야 할까요?

먼저 한국사를 사회 교과나 한국사 능력 검정시험 같은 시험의 대상으로 생각하지

않아야 해요. 그리고 독해하는 과정에서 이루어지는 여러 사고 과정을 즐겨야 하지요.

이 책은 한국사와 독해를 즐기듯 공부하다 보면 자연스럽게 두 영역의 학습 목표에

닿도록 기획했어요. 한국사를 이야기로 재미있게 읽다 보면 문제가 술술 풀리고, 독해

문제를 재미있게 풀다 보면 한국사 흐름이 차근차근 정리되지요.

한국사 이야기와 연관지어 배경지식도 쌓을 수 있어요. 시대별 핵심 주제의 지문으로

어휘력, 이해력, 추리·상상력, 비판력, 문제 해결 능력 등 독해력을 키울 수 있지요.

이렇게 독해력을 확장시키면 깊이 있는 논술 주제도 쉽게 쓸 수 있답니다. 다음에

설명된 이 책의 구성을 보면서 한국사도, 독해와 논술도 한번에 확 잡아 보세요.

한국사의 흐름에서 초등 사회 교과에
꼭 나오는 주요 인물과 관련된
재미있는 이야기를 읽고
빈칸 퀴즈를 풀어 봅니다.

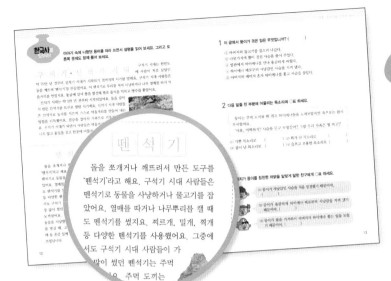

한국사를 잡아라!

한국사 이야기에 나온 주요 용어를 읽고 정리하며 써 봅니다. 그리고 문제를 풀면서 한국사 이야기의 내용을 정리해 봅니다.

독해를 잡아라!

한국사 지문으로 배경지식을 넓히고. 어휘력, 이해력, 추리·상상력, 비판적 사고력, 문제 해결 능력 등 독해력을 키우는 문제를 풀어 봅니다.

논술을 잡아라!

한국사의 주요 논쟁거리와 관련된 다양한 자료를 읽고 서술형, 논술형 문제를 풀어 봅니다.

차례

선사 시대   고조선 시대   삼국 시대   남북국 시대   고려 시대   조선 전기   조선 후기   개항기   일제 강점기   대한민국

학습 내용	한국사	구석기 시대 사람들의 사냥 이야기를 읽고 당시의 생활 모습을 생각해 봐요.
	독해	빗살무늬 토기에 나타난 신석기 시대의 생활 모습을 파악해 봐요.
	논술	구석기와 신석기 시대에 인류의 발전을 이끈 사건들의 의미를 생각해서 써 봐요.

1주

어린 사냥꾼의 탄생

구석기와 신석기 시대

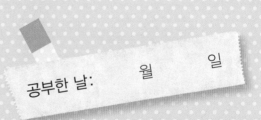

공부한 날: 월   일

어린 사냥꾼의 탄생

한반도와 만주에 사람이 처음 살기 시작한 구석기 때였어요.

뭉이 아버지는 벌써 사냥 준비에 한창이었어요. 단단한 돌을 깨서 뾰족한 주먹 도끼를 만들었지요. 이렇게 돌을 깨서 만든 도구를 '뗀석기'라고 불렀어요. 사냥을 나갈 때도, 고기를 자를 때도 뗀석기가 필요했지요.

"뭉아, 준비됐지? 오늘은 벌판 쪽으로 가 보자."

"네, 오늘은 꼭 큰뿔사슴을 잡을 거예요."

사냥감을 찾아 벌판을 헤매던 뭉이와 아버지는 털코뿔소와 딱 마주쳤어요.

"으악, 털코뿔소다! 뭉아, 어서 도망쳐!"

뭉이는 뒤로 돌아 있는 힘껏 달렸어요. 한참 달리다 보니 나뭇가지에 뿔이 걸린 사슴이 몸부림치는 모습이 보였어요. 사슴은 이리저리 몸을 흔들어 대며 뿔을 빼려고 애썼지만 뿔을 빼내기가 쉽지 않았어요.

"아버지, 여기 사슴이 있어요!"

사냥감을 찾은 뭉이가 큰 소리로 아버지를 불렀어요. 뭉이가 사슴 쪽으로 가까이 가자 어디선가 으르렁거리는 소리가 들렸어요.

서너 마리의 하이에나들이 하얀 이를 드러내고 뭉이 주위를 빙빙
돌았어요. 근처에 있던 하이에나들도 나뭇가지에 뿔이 걸린 사슴을 노리고
있었던 거예요.

뭉이는 주먹 도끼를 꽉 쥐고 하이에나들을 노려보았지만 속으로는 몹시
무서웠어요.

'어휴, 어떡하지? 사슴을 두고 도망갈까? 그럼 우리
가족은 뭘 먹고?'

바로 그때였어요. 아버지가 횃불을 들고 나타나셨어요.

"뭉아, 너도 이 불을 받아. 하이에나를 쫓아내자."

그러고는 불이 붙은 나뭇가지를 뭉이에게 나눠 주며
하이에나들을 쫓아내기 시작했어요.

불이 붙은 막대기를 얼굴 쪽으로 들이밀자 하이에나들이
'깽' 하는 소리를 내면서 슬금슬금 물러서기 시작했어요. 뭉이도 횃불을
휘두르며 큰 소리로 하이에나들을 쫓았어요.
화들짝 놀란 하이에나들이 꼬리를 내리고 멀리 도망갔지요.

"용감한 사냥꾼 뭉이 덕분에 사슴을 잡았구나. 뭉이가 지키지
않았다면 하이에나들에게 뺏겼을 거야."

아버지의 칭찬에 뭉이의 발걸음은 날아갈 듯했답니다.

한국사 퀴즈

구석기 시대 사람들은
사냥할 때 돌을 깨뜨려
서 만든 도구인 ☐☐☐
을/를 썼어요.

☐ ☐ ☐

11

이야기 속에 나왔던 용어를 따라 쓰면서 설명을 읽어 보세요. 그리고 오른쪽 문제도 함께 풀어 보세요.

구 석 기 · 신 석 기 시 대

구석기 시대는 한반도에 사람이 처음 살았던 약 70만 년 전부터 신석기 시대가 시작되기 전까지의 시기를 말해요. 구석기 시대 사람들은 돌을 깨뜨려 '뗀석기'를 만들었어요. 이 뗀석기로 무리를 지어 사냥하거나 나무 열매를 따서 먹을거리를 얻었지요. 동굴에 살며 불을 발견해 불로 음식을 익히고 맹수를 쫓았어요.

신석기 시대는 약 1만 년 전부터 시작되었어요. 돌을 갈아서 만든 간석기를 도구로 썼던 시기예요. 신석기 시대 사람들은 간석기로 농사를 지으며 스스로 먹을거리를 만들어 내는 방법을 터득했어요. 짐승을 잡아서 가축으로 키우기도 했지요. 신석기 시대 사람들은 먹을거리를 찾아 옮겨 다니지 않고 움집을 짓고 한곳에 머물러 살았어요.

신석기 시대 움집(복원)

뗀 석 기

돌을 쪼개거나 깨뜨려서 만든 도구를 '뗀석기'라고 해요. 구석기 시대 사람들은 뗀석기로 동물을 사냥하거나 물고기를 잡았어요. 열매를 따거나 나무뿌리를 캘 때도 뗀석기를 썼지요. 찌르개, 밀개, 찍개 등 다양한 뗀석기를 사용했어요. 그중에서도 구석기 시대 사람들이 가장 많이 썼던 뗀석기는 주먹 도끼였어요. 주먹 도끼는 동물을 사냥할 때나 가죽을 벗길 때, 고기를 자를 때 등 온갖 일에 만능으로 쓰였답니다.

주먹 도끼

불

인간이 불을 처음으로 발견하고 사용하게 된 것은 구석기 시대예요. 구석기 시대 사람들은 나뭇가지를 비비거나 부싯돌을 부딪쳐서 불을 만드는 방법을 알게 되었어요. 구석기 시대 사람들은 불을 사용하면서 생활에 많은 변화를 겪었어요. 불을 피워 어두운 밤을 환하게 밝혔고 추운 날씨에도 따뜻하게 지낼 수 있었어요. 불을 무서워하는 사나운 동물들도 쫓아내고 날고기도 익혀 먹을 수 있게 되었지요. 음식을 익혀 먹게 되면서 기생충이나 병균도 줄어들어 인간의 수명도 두 배 가까이 늘었어요.

1 이 글에서 뭉이가 겪은 일은 무엇입니까? (   )

① 아버지와 물고기를 잡으러 나갔다.
② 나뭇가지에 뿔이 걸린 사슴을 풀어 주었다.
③ 벌판에서 하이에나를 만나 용감하게 싸웠다.
④ 하이에나 떼로부터 사냥감인 사슴을 지켜 냈다.
⑤ 아버지와 헤어져 혼자 하이에나를 쫓고 사슴을 잡았다.

2 다음 밑줄 친 부분에 어울리는 목소리에 ○표 하세요.

> 뭉이는 주먹 도끼를 꽉 쥐고 하이에나들을 노려보았지만 속으로는 몹시 무서웠어요.
> '어휴, 어떡하지? 사슴을 두고 도망갈까? 그럼 우리 가족은 뭘 먹고?'

(1) 기쁜 목소리로   (   )   (2) 화가 난 목소리로   (   )
(3) 겁이 난 목소리로   (   )   (4) 슬프고 조용한 목소리로 (   )

3 아버지가 뭉이를 칭찬한 까닭을 알맞게 말한 친구에게 ○표 하세요.

(1) 뭉이가 사냥감인 사슴을 처음 발견했기 때문이야.
(   )

(2) 뭉이가 용감하게 하이에나 떼로부터 사냥감을 지켜 냈기 때문이야. (   )

(3) 뭉이가 불을 가져와서 아버지가 하이에나 쫓는 일을 도왔기 때문이야. (   )

다음은 빗살무늬 토기에서 알 수 있는 신석기 시대의 생활 모습에 대한 글이에요. 다음 글을 꼼꼼히 읽고 문제를 풀어 보세요.

글의 주제

빗살무늬 토기는 농사의 시작과 토기 제작 등 신석기 시대의 생활 모습을 알려 준다.

문단별 중심 내용

㉮ 신석기를 대표하는 빗살무늬 토기는 신석기 시대의 생활 모습을 알려 줌.

㉯ 신석기 시대 사람들은 강가나 바닷가에서 살았음.

㉰ 신석기 시대에 최초로 농사가 시작되었음.

㉱ 신석기 시대 사람들은 불에 구울 때 토기가 깨지는 것을 막으려고 빗살무늬를 그렸음.

㉲ 신석기 시대의 토기는 농사의 시작과 함께 신석기 시대의 중요한 사건이었음.

빗살무늬 토기

㉮ 빗살무늬 토기는 우리나라 신석기 시대를 대표하는 토기예요. 겉면에 빗줄기처럼 새겨진 빗살무늬 때문에 이런 이름을 가지게 되었어요. 이 토기는 우리에게 신석기 시대의 생활 모습을 알려 주지요.

㉯ 빗살무늬 토기는 주로 강가나 바닷가에서 발견되었어요. 신석기 시대 사람들이 먹을거리가 풍족한 강가나 바닷가에서 살았기 때문이지요. 강이나 바다 근처의 모래땅에 바닥이 둥글거나 뾰족한 빗살무늬 토기를 꽂아서 썼을 것이라고 짐작하고 있어요.

㉰ 빗살무늬 토기 속에는 불탄 곡식의 흔적이 남아 있었어요. 이것으로 신석기 시대에 최초로 농사가 시작되었다는 사실을 알 수 있어요. 신석기 시대 사람들은 버려진 열매의 씨앗이 다시 자라는 것을 보고 직접 땅에 씨앗을 뿌려 농사를 지었지요. 약 1만 년 전에 있었던 농사의 시작은 인류의 역사를 뒤바꾼 사건이었어요. 그래서 이것을 '신석기 혁명'이라고도 불러요.

㉱ 토기 겉면의 빗살무늬에서는 당시의 토기 만드는 기술을 엿볼 수 있어요. 신석기 시대 사람들은 불에 구울 때 토기가 자주 깨진다는 사실을 알게 됐어요. 그래서 토기 겉면에 빗살무늬를 그려 불에 구울 때 토기가 깨지는 것을 막았답니다.

㉲ 빗살무늬 토기를 만들면서 인류의 발전 속도는 엄청나게 빨라졌어요. 그래서 신석기 시대의 토기 제작은 농사의 시작과 함께 신석기 시대를 대표하는 중요한 사건이었어요.

1 다음 사진 중 빗살무늬 토기를 사용했던 사람들이 살았던 곳에 ○표 하세요.

(1) 사막 (   )

(2) 바닷가 (   )

(3) 높은 산 (   )

2 다음 빈칸에 들어갈 알맞은 말을 쓰세요.

> 약 1만 년 전 신석기 시대에 최초로 농사가 시작되었다. 농사의 시작은 인류의 역사를 뒤바꾼 사건이어서 '□□□ □□'(이)라고 부른다.

(   )

3 신석기 시대 사람들이 토기 겉면에 빗살무늬를 그린 까닭은 무엇입니까?

(   )

① 토기의 겉면을 매끈하게 만들려고
② 토기가 만들어졌던 때를 나타내려고
③ 토기 속에 담긴 곡식의 양을 표시하려고
④ 토기가 누구 것인지 주인을 표시하기 위해
⑤ 불에 구울 때 토기가 깨지는 것을 막으려고

논술을 잡아라!

네 친구가 인류의 역사를 바꾼 사건에 대해 토론한 글이에요. 다음 글을 꼼꼼히 읽고 문제를 풀어 보세요.

맹수 주로 육식을 하는 사나운 짐승.
문명 인류가 이룩한 물질적, 기술적, 사회 구조적인 발전.

지민: 인류의 역사를 바꾼 사건은 '불'을 발견한 거야. 최초의 인간은 사냥꾼이 아니라 사냥감에 가까웠어. 수많은 맹수들에 둘러싸여 살아남기에 바빴지. 그런데 불을 발견하면서 상황이 달라졌어. 사람들은 불로 맹수를 쫓고 추위도 이겨 낼 수 있었어. 물론 날고기 같은 음식도 익혀 먹고 말이야.

정석: 인류 문명에서 불보다 '도구'를 발명했다는 사실이 더 중요해. 인간이 다른 동물보다 우수한 점은 도구를 사용할 줄 안다는 거야. 인간이 돌을 깨뜨려 도구를 만들면서 점차 컴퓨터 같은 복잡한 도구도 발명하게 된 거야. 손을 자주 쓰면 뇌를 자극하게 돼 똑똑해지거든.

보라: 무슨 소리! '농사'를 시작했다는 것이 인간 세상을 지금처럼 발전시킨 거야. 먹을거리를 찾아 떠돌던 인간들은 농사를 지으면서 스스로 먹을거리를 만들어 낼 수 있었어. 이때부터 사람들이 한곳에 머물러 마을을 이루고 살면서 도시가 생겨나고 문명이 발전한 거야.

형빈: 뭐니 뭐니 해도 '토기'를 만든 것이 가장 역사적인 사건이야. 먹을거리를 저장하거나 운반하는 토기가 없었다면 인간은 미래를 계획하며 살 수 없었어. 농사를 짓더라도 다음 해 봄까지 먹을 곡식이 없다면 굶어 죽었을 거야. 음식을 만들 그릇이 생기면서 인간이 먹을 수 있는 음식물도 다양해졌어.

문제 발견

1 다음 사건이 사람들의 생활에 어떤 변화를 가져왔는지 빈칸에 알맞은 말을 쓰세요.

불의 발견

(1) 인간을 해치려는 _____

(2) 추운 날씨에는 _____

(3) 날고기를 불에 _____

문제 탐색

2 다음 사건이 없었다면 사람들은 어떻게 살고 있을지 상상해서 쓰세요.

> 신석기 시대에는 농사가 시작되어 사람들은 씨앗을 뿌려 스스로 먹을 거리를 만들어 냈다.

• 인간이 농사를 짓지 못했다면 _____

_____

문제 해결

3 다음 보기 에서 인류의 역사를 바꾼 최고의 사건을 골라 그 까닭과 함께 쓰세요.

> 보기 불의 발견, 도구의 발명, 농사의 시작, 토기의 제작

(1) 내가 생각한 인류의 역사를 바꾼 최고의 사건: _____

(2) 그렇게 생각하는 까닭: _____

_____

17

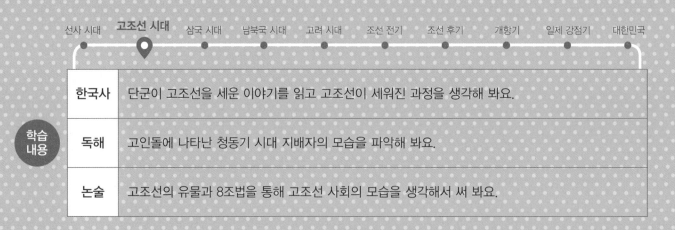

| 선사 시대 | **고조선 시대** | 삼국 시대 | 남북국 시대 | 고려 시대 | 조선 전기 | 조선 후기 | 개항기 | 일제 강점기 | 대한민국 |

학습 내용	한국사	단군이 고조선을 세운 이야기를 읽고 고조선이 세워진 과정을 생각해 봐요.
	독해	고인돌에 나타난 청동기 시대 지배자의 모습을 파악해 봐요.
	논술	고조선의 유물과 8조법을 통해 고조선 사회의 모습을 생각해서 써 봐요.

2주

단군, 첫 나라 고조선을 세우다!

고조선의 탄생

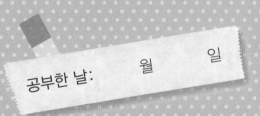

공부한 날: 월   일

단군, 첫 나라 고조선을 세우다!

아주 먼 옛날, 하늘나라를 다스리는 환인이라는 신이 있었어요. 그에게는 환웅이라는 아들이 있었지요. 환웅은 지혜롭고 호기심이 많았어요. 시간이 날 때마다 인간 세상을 내려다보며 사람들을 지켜봤지요.

'아, 저 사람들을 이롭게 하는 나라를 세우고 싶다.'

아들의 마음을 눈치챈 환인이 환웅을 불렀어요.

"네가 인간 세상을 다스려 보지 않으련? 저기 태백산이 좋아 보이더구나."

"예, 아버님. 소자가 바라던 일이옵니다."

아버지 환인은 환웅에게 인간 세상에 가서 뜻을 펼치게 했어요. 비, 바람, 구름을 다스리는 신하와 삼천 명의 무리까지 주어 환웅을 돕게 했지요. 환웅은 동녘 땅에 있는 태백산 꼭대기에 터를 잡고 인간 세상을 다스렸어요.

그러던 어느 날, 곰과 호랑이가 환웅을 찾아와 사람이 되게 해 달라고 빌었어요. 환웅은 사람이 되고 싶다는 곰과 호랑이를 기특하게 여겨 쑥 한 타래와 마늘 스무 개를 주면서 이렇게 말했지요.

"너희가 이것을 먹고 백 일 동안 햇빛을 보지 않으면 사람이 될 것이다."

곰과 호랑이는 환웅이 말한 대로 햇빛이 들지 않는 깊은 굴속으로 들어갔어요. 둘은 쑥과 마늘만 먹으며 하루하루를 보냈어요. 그런데 호랑이는 캄캄한 굴속이 답답하고 바깥 세상이 그리웠어요.

"아휴, 답답해! 쑥은 왜 이렇게 쓰고 마늘은 맵기만 하담?"

"호랑이야, 조금만 참아. 이제 열흘밖에 안 되었어."

곰도 쓰디쓴 쑥과 매운 마늘이 싫었지만 꾹 참고 호랑이를 달랬어요.

"휴, 못 참겠다. 곰아, 푸른 하늘이 부르고 있어. 나 먼저 나간다!"

"뭐? 호랑이야, 잠깐만! 호랑이……야."

곰이 말릴 새도 없이 호랑이는 굴 밖으로 뛰쳐나갔어요. 그러나 곰은 굴속에서 힘든 시간을 참고 견뎠지요. 어느덧 시간이 지나 21일째 되던 날이었어요. 곰의 몸에서 이상한 기운이 뻗어 나오더니 여인의 몸으로 변했어요. 사람들은 곰이 변한 여인이라고 해서 '웅녀'라고 불렀지요.

웅녀는 환웅을 찾아가 아기를 낳게 해 달라고 빌었어요. 그래서 환웅이 웅녀와 혼인하여 짝을 이루었어요. 웅녀는 열 달 뒤에 아기를 낳았는데, 이 아기가 바로 단군왕검이랍니다. 단군왕검은 자라서 '고조선'이라는 한반도의 첫 나라를 세웠어요.

100일 동안 햇빛을 보지 않는다면 사람이 될 것이야.

잘 견뎌야 할 텐데…

한국사 퀴즈

단군왕검은 한반도의 첫 나라 □□□을/를 세웠어요.

한국사를 잡아라!

이야기 속에 나왔던 용어를 따라 쓰면서 설명을 읽어 보세요. 그리고 오른쪽 문제도 함께 풀어 보세요.

고 조 선

기원전 2333년, 단군왕검이 고조선을 세웠어요. 고조선은 청동기 문화를 바탕으로 무럭무럭 커 나갔어요. 반면 당시 중국은 매우 혼란스러워서 연에서 위만이 1천여 명을 이끌고 고조선에 왔어요. 고조선 준왕은 위만과 무리들을 받아 주고 위만을 신하로 삼았어요. 그런데 왕 자리를 욕심낸 위만은 준왕을 몰아내고 스스로 왕이 되었어요. 위만은 중국에서 들여온 철기 기술로 무기와 농기구를 만들어 고조선을 더욱 발전시켰어요. 우거왕 때는 중국의 한과 주변 나라 사이에 중계 무역을 하면서 많은 이득까지 얻었지요. 기원전 108년, 이를 못마땅하게 여긴 한이 고조선에 쳐들어왔어요. 고조선은 한의 공격에 용감하게 맞섰지만 결국 멸망하고 말았어요.

단 군 왕 검

단군왕검

웅녀와 환웅이 결혼해서 낳은 아들이 단군왕검이에요. '단군왕검'은 '단군'과 '왕검'이 합쳐져서 생긴 말이지요. '단군'은 하늘에 제사를 올리는 제사장이라는 뜻이고, '왕검'은 나라를 다스리는 지도자를 뜻해요. 즉 단군왕검은 종교적인 지도자이면서 정치적인 지도자였어요. 단군왕검은 고조선의 왕으로서 제사와 정치를 모두 맡아 나라를 다스렸지요. 이렇게 한 사람이 제사와 정치를 모두 맡는 것을 '제정일치(祭政一致)'라고 해요. 제사와 정치가 하나라는 뜻이에요.

단 군 신 화

이 이야기는 단군이 고조선을 세운 이야기를 담은 '단군 신화'예요. 이야기 속 환웅은 다른 곳에서 옮겨 온 하늘을 섬기던 부족이고, 곰과 호랑이는 각각 한반도와 만주에 살며 곰과 호랑이를 섬기던 부족을 뜻해요. 즉, 단군 신화는 환웅 부족이 곰 부족과 힘을 합쳐 고조선을 세운 사실을 신비롭게 나타낸 이야기지요.

이 이야기는 고려 시대에 일연 스님이 썼던 역사책 『삼국유사』에 기록되어 오늘날 우리에게 전해졌어요.

단군 신화가 실린 『삼국유사』

1 이 글에서 일이 일어난 차례대로 번호를 쓰세요.

(1) 곰과 호랑이가 환웅을 찾아와 사람이 되게 해 달라고 부탁했다.

(2) 굴속에서 백 일 동안 견딘 곰은 여자가 되어 환웅과 혼인하고 단군왕검을 낳았다.

(3) 환웅이 곰과 호랑이에게 쑥과 마늘을 주며 백 일 동안 햇빛을 보지 말라고 얘기했다.

(4) 쑥과 마늘을 먹으며 굴속에 있던 곰과 호랑이 중 호랑이는 결국 참지 못하고 밖으로 뛰쳐나왔다.

2 다음 세 인물이 한 말을 각각 선으로 이으세요.

(1)

환웅

(2)

곰

(3)

호랑이

㉮ "호랑이야, 조금만 참아. 이제 열흘밖에 안 되었어."

㉯ "아휴, 답답해! 쑥은 왜 이렇게 쓰고 마늘은 맵기만 하담?"

㉰ "너희가 이것을 먹고 백 일 동안 햇빛을 보지 않으면 사람이 될 것이다."

23

다음은 고인돌에 대한 글이에요. 다음 글을 꼼꼼히 읽고 문제를 풀어 보세요.

글의 주제
청동기 시대에 군장의 무덤이었던 고인돌은 군장의 강력했던 힘을 보여 준다.

문단별 중심 내용
(가) 청동기 시대에 청동 물건은 지배자만 쓸 수 있었음.
(나) 마을을 다스리던 군장은 이웃 마을을 공격해 재산과 노예를 늘렸음.
(다) 고인돌은 힘센 군장의 무덤이었음.
(라) 거대한 고인돌은 네 단계를 거쳐 완성했음.
(마) 고인돌은 군장의 힘이 강력했다는 것을 보여 줌.

고인돌

(가) 단군왕검이 지배하던 때는 청동기 시대였어요. 당시에 청동은 재료를 구하기도 어렵고 만들기도 어려웠지요. 청동으로 만든 물건을 쓸 수 있는 사람은 마을에서 가장 힘이 센 지배자뿐이었어요.

(나) 청동기 시대에 나타난 이 지배자를 '군장'이라고 불렀어요. 군장은 청동으로 만든 거울과 방울, 칼을 들고 자신의 힘을 자랑하며 마을을 다스렸어요. 그리고 이웃 마을을 공격해 곡식이나 재산을 빼앗고, 사람들을 잡아 와 노예로 부렸어요.

(다) 고인돌은 힘센 군장의 무덤이었어요. 군장은 사람들을 시켜 죽은 다음에 묻힐 고인돌을 만들었어요. 고인돌은 두 개의 받침돌이 평평하고 큰 덮개돌을 고이고 있어서 붙여진 이름이에요. 고인돌을 하나 만들려면 최소한 어른 남자가 500명 이상 필요했대요.

(라) 이렇게 거대한 고인돌은 어떻게 만들었을까요? 먼저 알맞은 크기의 받침돌을 구해 땅에 구덩이를 파고 받침돌을 세웠어요. 그다음 받침돌 위에 흙을 덮어 언덕을 만들었지요. 그리고 통나무를 이용해 무거운 덮개돌을 받침돌 위로 끌어올렸어요. 덮개돌을 올린 다음 덮개돌 아래에 있던 흙을 파내면 고인돌이 완성되었어요.

(마) 여러 사람의 힘을 모아 만든 거대한 고인돌은 당시 군장의 강력했던 힘을 보여 주는 문화유산이에요.

1 군장에 대한 내용으로 알맞으면 ○표, 알맞지 <u>않으면</u> ×표 하세요.

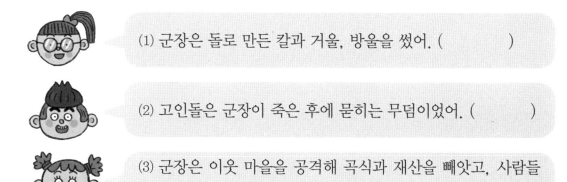

⑴ 군장은 돌로 만든 칼과 거울, 방울을 썼어. (   )

⑵ 고인돌은 군장이 죽은 후에 묻히는 무덤이었어. (   )

⑶ 군장은 이웃 마을을 공격해 곡식과 재산을 빼앗고, 사람들을 노예로 잡아 왔어. (   )

2 다음 문장에 알맞은 낱말을 (   ) 안에서 골라 ○표 하세요.

탁자 모양의 고인돌은 청동기 시대 군장의 (집 / 무덤)이었다.

3 다음 중 고인돌을 만들 때 가장 <u>먼저</u> 해야 할 일은 무엇입니까? (   )

① 받침돌 세우기
② 땅에 구덩이 파기
③ 받침돌 위에 흙 덮기
④ 덮개돌 아래의 흙 파내기
⑤ 받침돌 위에 덮개돌 끌어올리기

다음은 고조선의 사회 모습에 대한 글이에요. 다음 글을 꼼꼼히 읽고 문제를 풀어 보세요.

잡곡 쌀 이외의 모든 곡식. 보리, 밀, 콩, 팥, 옥수수, 기장, 조 등을 통틀어 이름.
농기구 농사를 짓는 데 쓰는 기구.
사형 옛날에, 죄인의 목숨을 끊던 형벌.
신분 개인의 사회적인 위치나 계급.

고조선 사람들은 대부분 농사를 지으며 살았어요. 주로 보리, 조, 콩, 수수 같은 잡곡 농사를 지었지요. 곡식을 거둘 때는 반달 돌칼이라는 농기구를 썼어요. 농사 기술이 늘자 벼농사를 지었어요. 그러나 쌀밥은 귀해서 신분이 높은 사람들만 먹을 수 있었어요.

고조선 사람들은 이전 사람들보다 집 짓는 기술도 뛰어났지요. 기둥과 벽을 세워 농사짓는 땅 주변에 집을 짓고 살았어요.

옷감을 다루는 솜씨도 좋아져 동물의 털로 만든 옷이나 삼베옷, 비단옷까지 다양한 옷을 입었어요. 신분이 높은 사람은 비단옷에 가죽신을 신고, 신분이 낮은 사람은 삼베옷에 짚신을 신었지요.

고조선에서는 모든 사람들이 억울한 일을 당하지 않고 평화롭게 지내도록 하기 위한 '8조법'이 있었어요. 8조법은 모두 8개의 조항으로 이루어져 있는데, 지금은 3개 조항만 전해져요.

청동기 시대의 농사 모습을 보여 주는 농경문 청동기

첫째, 사람을 죽인 자는 즉시 사형에 처한다.
둘째, 남에게 상처를 입힌 자는 곡식으로 갚는다.
셋째, 도둑질을 한 자는 노비로 삼는다. 용서를 받으려면 50만 전을 내야 한다.

8조법을 통해 고조선이 사람의 생명을 소중하게 여겼다는 것을 알 수 있어요. 그리고 죄를 곡식이나 돈으로 갚게 했다는 데서 개인이 재산을 가지고 있었고, 화폐(돈)를 썼다는 것을 알 수 있지요. 또, 셋째 조항에서는 고조선이 신분 사회였다는 것을 알 수 있어요.

1 다음 유물에서 알 수 있는 고조선 사회의 모습을 쓰세요.

이름: 반달 돌칼
재질: 돌
특징: 두 개의 구멍에 끈을 연결하여 묶은 뒤 손가락을 넣어 잡고 이삭을 딸 때 사용했음.

• 고조선 사람들은 _____

_____

_____

문제 탐색

2 다음 조항에서 알 수 있는 고조선 사회의 모습을 쓰세요.

> 남에게 상처를 입힌 자는 곡식으로 갚는다.

• 고조선 사람들이 _____

_____ (라)는 것을 알 수 있다.

문제 해결

3 고조선의 사회 모습을 바탕으로 전해지지 않는 8조법의 조항 중 하나를 짐작하여 그 까닭과 함께 쓰세요.

• 고조선의 8조법 중에는 (1) _____

(이)라는 법이 있었을 것이다. 왜냐하면, (2) _____

_____ 때문이다.

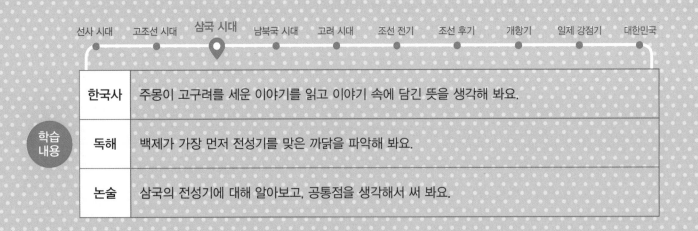

선사 시대   고조선 시대   **삼국 시대**   남북국 시대   고려 시대   조선 전기   조선 후기   개항기   일제 강점기   대한민국

학습 내용		
	한국사	주몽이 고구려를 세운 이야기를 읽고 이야기 속에 담긴 뜻을 생각해 봐요.
	독해	백제가 가장 먼저 전성기를 맞은 까닭을 파악해 봐요.
	논술	삼국의 전성기에 대해 알아보고, 공통점을 생각해서 써 봐요.

3주

주몽, 졸본 땅에 고구려를 세우다!

삼국의 성립과 발전

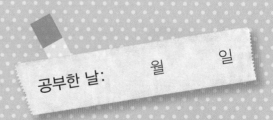

공부한 날: 월   일

주몽, 졸본 땅에 고구려를 세우다!

옛날 고구려, 백제, 신라 삼국이 세워지기 전 한반도에는 크고 작은 나라들이 여러 개 있었어요. 그중 부여는 고조선에 이어 두 번째로 세워진 나라였어요. 부여의 금와왕은 사냥을 나갔다가 산속에서 울고 있는 여인을 보았어요. 금와왕은 울고 있는 까닭이 궁금해져 물었지요.

"저는 물의 신 하백의 딸 유화입니다. 아버지 몰래 하늘 신의 아들인 해모수와 결혼하였다고 하여 그 벌로 집에서 쫓겨났지요."

금와왕은 유화 부인의 사정을 딱하게 여겨 궁궐로 데려와 지내게 했어요. 그런데 그때부터 햇빛이 유화 부인이 있는 방 안을 따라다니며 비추는 것이 아니겠어요? 얼마 뒤 유화 부인은 큰 알을 낳았어요. 금와왕은 그 알을 불길하게 여겼어요.

"당장 알을 길거리에 내다 버려라!"

그러자 소와 말이 피해 다니고 새와 짐승들이 알을 보호했어요. 결국 금와왕은 알을 다시 유화 부인에게 돌려주었어요.

유화 부인이 알을 부드러운 천으로 감싸 따뜻한 곳에 두자, 알에서 한 사내아이가 태어났어요. 아이는 생김새가 뛰어나고 지혜로웠지요. 일곱 살이 되자 스스로 활과 화살을 만들었는데 백발백중이었어요. 활을 잘 쏜다고 하여 아이는 '주몽'이라고 불렸지요.

한편 금와왕에게는 일곱 아들들이 있었어요. 일곱 왕자들은 주몽과 함께 활도 쏘고 공부도 했어요. 금와왕은 그중 무술과 학문에 모두 뛰어난 주몽을 특히 아꼈어요. 금와왕이 주몽을 아낄수록 일곱 왕자들은 주몽을 미워하고 질투했지요. 결국 일곱 왕자들은 주몽을 죽이려고 계획을 세웠어요. 이를 눈치챈 유화 부인은 주몽을 불렀어요.

"주몽아, 서둘러 부여를 떠나 네 뜻을 펼칠 나라를 세우거라."

주몽은 그 길로 세 친구와 말을 타고 궁궐을 탈출했어요. 주몽 일행은 남쪽으로 방향을 잡아 내려갔지요. 일곱 왕자들은 군대를 이끌고 주몽을 바짝 뒤쫓아 왔어요.

쫓기던 주몽 일행은 엄호수라는 큰 강에 다다랐어요. 그런데 강에 다리는 물론 배 한 척도 보이지 않았어요. 다급해진 주몽은 큰 소리로 외쳤어요.

"나는 하늘 신의 아들이며 물의 신 하백의 외손자다! 나를 도와라!"

그러자 강물에서 갑자기 물고기와 자라들이 나타나 다리를 만들었어요. 주몽과 일행은 무사히 강을 건너 졸본이라는 곳에 도착했어요. 주몽은 졸본을 도읍으로 나라를 세웠는데, 이 나라가 바로 고구려예요.

한국사 퀴즈

부여를 떠나온 주몽은 졸본을 도읍으로 □□□ 을/를 세웠어요.

이야기 속에 나왔던 용어를 따라 쓰면서 설명을 읽어 보세요. 그리고 오른쪽 문제도 함께 풀어 보세요.

삼 국 시 대

주몽이 세운 고구려와 백제, 신라가 서로 힘을 겨루던 시기를 '삼국 시대'라고 해요. 세 나라가 세워졌던 기원전 1세기부터 백제와 고구려가 멸망한 7세기경까지 대략 700여 년간을 가리키지요. 작은 나라였던 고구려, 백제, 신라는 주변 나라들을 흡수하면서 고대 국가로 성장해 나갔어요. 가장 먼저 나라의 모습을 갖춘 것은 고구려였어요. 100여 년 뒤에는 백제가, 다시 100여 년 뒤에는 신라가 고대 국가로 성장했어요. 한반도에는 이 세 나라 외에도 가야가 있었어요. 그러나 백제와 신라의 간섭으로 가야는 고대 국가로 성장하지 못했지요. 세 나라는 서로 힘을 합치기도 하고 경쟁하기도 하며 백제, 고구려, 신라 순으로 전성기를 맞았어요. 이후 중국 당과 연합한 신라에 의해 백제와 고구려가 차례로 멸망하면서 삼국 시대가 막을 내렸어요.

주 몽 신 화

활 쏘는 모습이 담긴 「수렵도」

주몽이 고구려를 세운 일을 담은 건국 이야기예요. 주몽은 해모수의 아들로 '해'씨였지만, 고구려를 세운 뒤 '스스로 높아진다.'는 뜻의 '고'씨로 성을 바꾸었지요. 이 이야기에서 주몽이 알에서 태어났다는 것은 주몽이 훌륭한 인물이었다는 뜻이에요. 주몽이 하늘 신의 아들이며 물의 신 하백의 외손자라는 것은 각각 하늘과 물을 섬기던 부족이 힘을 합쳤다는 뜻을 담고 있지요. 또, 주몽이 활을 잘 쏘았다는 데서 고구려가 가축을 키우고 이동하며 살던 유목 사회였다는 것도 알 수 있어요.

고 구 려

고구려(기원전 37년~668년)는 부여의 주몽이 졸본에 살던 5개의 부족과 함께 힘을 합쳐 세운 나라였어요. 고구려는 건국 초기부터 중국과 싸우며 성장해 나갔어요. 소수림왕은 불교를 받아들이고 율령을 만들어 나라의 기틀을 다졌어요. 이와 같은 노력으로 광개토 대왕과 장수왕 때는 전성기를 맞았지요. 고구려는 우리나라 역사상 가장 넓은 영토를 가졌던 나라였어요. 한반도 북쪽에 자리 잡고 중국으로부터 한반도를 보호하는 방파제 역할을 했지요.

주몽이 졸본에 세운 오녀산성

1 이 글에 등장하지 <u>않은</u> 인물은 누구입니까? (   )

① 주몽   ② 금와왕   ③ 해모수
④ 유화 부인   ⑤ 금와왕의 일곱 아들들

2 주몽이 특별한 존재임을 알려 주는 사건을 <u>모두</u> 골라 ○표 하세요.

(1) 금와왕이 산속에서 유화 부인을 만났다.

(2) 주몽이 햇빛의 기운을 받아 알에서 태어났다.

(3) 일곱 왕자들이 주몽을 죽이려고 하자 궁궐을 탈출했다.

(4) 주몽이 하늘 신의 아들이자 물의 신 하백의 외손자라며 도우라고 하자, 물고기와 자라가 나타나 다리를 만들었다.

3 이 글에 쓰인 다음 낱말의 뜻으로 알맞은 것은 무엇입니까? (   )

백발백중

① 흰색 깃발을 쏘아 맞힌다.   ② 백 번 해서 익숙해지게 한다.
③ 한 발로 백 개를 쏘아 맞힌다.   ④ 전체를 겨냥해 중간을 맞힌다.
⑤ 쏠 때마다 겨눈 곳에 다 맞는다.

다음은 백제의 전성기에 대한 글이에요. 다음 글을 꼼꼼히 읽고 문제를 풀어 보세요.

글의 주제
백제는 한강에 자리 잡고 외국과 교류하며 삼국 중 가장 먼저 전성기를 맞았다.

문단별 중심 내용
㉮ 백제가 가장 먼저 전성기를 맞았던 까닭을 알아봄.
㉯ 백제는 한강 유역을 차지해 나라의 힘을 키웠음.
㉰ 백제는 전성기를 맞은 뒤, 중국, 일본과 활발하게 교류했음.
㉱ 칠지도는 백제가 일본과 활발하게 교류했던 증거임.

㉮ 백제는 주몽의 아들이었던 온조가 위례성을 도읍으로 세운 나라예요. 삼국 중 가장 먼저 국가의 모습을 갖춘 것은 고구려였지만 가장 먼저 전성기를 맞은 것은 백제였어요. 백제는 어떻게 삼국 중에서 가장 먼저 발전할 수 있었을까요?

㉯ 백제의 첫 도읍인 위례성은 한강 하류에 있었어요. 한강은 한반도의 중심에 있어 교통이 편리했어요. 게다가 서해로 연결된 바닷길은 중국과 교류하기에 좋아 앞선 문물을 받아들일 수 있었어요. 또, 한강 유역은 땅이 기름지고 넓어서 농사가 잘됐어요. 백제는 늘어난 인구를 바탕으로 전쟁을 벌여 나라의 힘을 키웠어요.

㉰ 백제는 고이왕 때 나라의 기틀을 잡고 근초고왕 때 가장 넓은 영토를 갖게 되었어요. 그 뒤 국제적 지위가 높아져서 중국, 일본과도 활발하게 교류했어요. 백제는 일본에 중국의 도자기와 책뿐 아니라, 학자와 기술자도 보냈지요. 학문이 뛰어났던 아직기와 왕인 박사는 일본 태자의 스승이 되었어요.

㉱ 칠지도는 백제가 일본과 가깝게 지내며 활발하게 교류했던 대표적인 증거예요. 칠지도는 '일곱 개의 가지가 달린 칼'이라는 뜻인데, 근초고왕 때 백제가 일본에 선물로 준 칼이랍니다. 칠지도는 전성기를 맞은 백제인들의 자부심을 보여 주는 유물이에요.

백제 기술자가 참여해 만든 일본 절, 아스카데라

1 다음 빈칸에 알맞은 나라의 이름을 보기 에서 골라 쓰세요.

> 보기   백제,   신라,   가야,   고구려

> 삼국 중 가장 먼저 나라의 모습을 갖춘 것은 ⑴ (   )였다. 그러나 가장 먼저 전성기를 맞은 나라는 ⑵ (   )였다.

2 한강 유역의 장점을 알맞게 말한 친구에게 <u>모두</u> ○표 하세요.

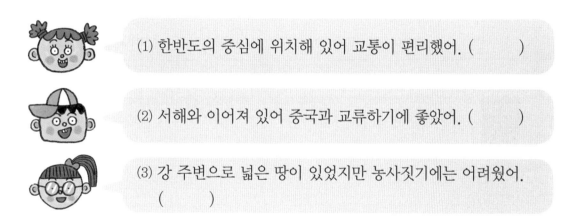

⑴ 한반도의 중심에 위치해 있어 교통이 편리했어. (   )

⑵ 서해와 이어져 있어 중국과 교류하기에 좋았어. (   )

⑶ 강 주변으로 넓은 땅이 있었지만 농사짓기에는 어려웠어.
(   )

3 다음 유물이 나타내는 사실은 무엇입니까? (   )

칠지도

① 근초고왕이 일본을 방문했다.
② 백제가 한강을 통해 일본에 갔다.
③ 백제가 일본과 활발하게 교류했다.
④ 백제가 일본과 자주 전쟁을 벌였다.
⑤ 백제가 삼국 중 가장 먼저 세워졌다.

논술을 잡아라!

다음은 고구려, 백제, 신라의 전성기를 이끈 왕들의 가상 토론 글이에요. 다음 글을 꼼꼼히 읽고 문제를 풀어 보세요.

세기 백 년 동안을 세는 단위.
전성기 형세나 세력 등이 한창 왕성한 시기.
유역 강물이 흐르는 언저리.
위력 상대를 압도할 만큼 강력한 힘.
도읍 한 나라의 중앙 정부가 있는 곳.

장수왕이 아버지의 업적을 기리기 위해 세운 광개토 대왕릉비(복제)

근초고왕: 나는 4세기에 삼국 중 가장 먼저 전성기를 맞은 백제를 이끌었어요. 백제는 한강 유역에서 힘을 키우고 고구려의 평양성을 공격해 영토를 크게 넓혔지요. 안타깝지만 그때 고국원왕이 전사하셨어요. 당시 우리 백제의 위력이 정말 대단했답니다.

광개토 대왕: 나는 할아버지 고국원왕의 원수를 갚기 위해 더욱 강력한 군대를 길러 냈어요. 나는 만주와 한반도를 동에 번쩍 서에 번쩍 누비며 끝없이 영토를 넓혔어요. 덕분에 고구려는 삼국 중 가장 넓은 영토를 갖게 되었지요. 백제를 굴복시키고 신라와 가야까지 힘을 떨쳐 다들 내 이름만 들어도 벌벌 떨었다네요.

장수왕: 그건 제가 잘 알죠. 저는 아버지인 광개토 대왕의 뜻을 받들어 도읍을 평양으로 옮기고 남쪽으로 땅을 더욱 넓혔어요. 백제의 도읍이 있던 한강 유역을 점령하고, 광개토 대왕비를 세워 아버지의 업적을 기렸어요. 한강 유역을 차지한 고구려는 5세기에 전성기를 맞았어요.

진흥왕: 세 분 모두 훌륭하지만 마지막에 전성기를 맞은 것은 우리 신라예요. 나는 가야를 정복하고 강원도까지 영토를 넓혔어요. 또, 백제와 손을 잡고 당시 한강 유역을 차지한 고구려를 북쪽으로 밀어냈지요. 그 뒤 백제마저 밀어내고 한강 유역을 모두 차지했어요. 이로써 신라가 삼국 통일의 기초를 닦았답니다.

문제 발견

1 다음은 삼국의 전성기에 대한 내용입니다. 빈칸에 알맞은 내용을 쓰세요.

백제	• 4세기에 한강 유역에 자리 잡고 있었다. • 북쪽으로 고구려의 평양성을 공격해 영토를 넓혔다.
고구려	• 강력한 군대로 (1) (　　　　　　　　　　　　　　　　　) • 수도를 평양으로 옮겨 한강 유역을 점령했다.
신라	• 가야를 정복하고 강원도까지 영토를 넓혔다. • (2) (　　　　　　　　　　　　　　　　　　　　)

문제 탐색

2 다음을 참고하여 신라의 전성기가 삼국 중 가장 늦었던 까닭을 쓰세요.

> • 신라는 오늘날 경상도 지역에 있어 다른 나라와 교류하기 어려웠다.
> • 삼국이 발전하던 당시 중국은 동아시아에서 문화가 가장 발전한 곳이었다.

• 신라가 자리 잡은 경상도 지역은 ＿＿＿＿＿＿＿＿＿＿＿＿＿＿＿

＿＿＿＿＿＿＿＿＿＿＿＿＿＿＿＿＿＿＿＿＿ 때문에 발전이 늦었다.

문제 해결

3 삼국이 전성기를 맞았을 때의 공통점은 무엇인지 생각해서 쓰세요.

• 삼국은 백제, 고구려, 신라 순으로 전성기를 맞았다. 삼국이 전성기를 맞았

을 때 세 나라는 모두 ＿＿＿＿＿＿＿＿＿＿＿＿＿＿＿＿＿＿

＿＿＿＿＿＿＿＿＿＿＿＿＿＿＿＿＿＿＿＿＿＿＿＿＿＿＿＿＿＿＿

＿＿＿＿＿＿＿＿＿＿＿＿＿＿＿＿＿＿＿＿＿＿＿＿＿＿＿＿＿＿＿

선사 시대　　고조선 시대　　삼국 시대　　남북국 시대　　고려 시대　　조선 전기　　조선 후기　　개항기　　일제 강점기　　대한민국

학습 내용	한국사	신라가 불교를 받아들이게 된 이야기를 읽고 불교가 삼국에 미친 영향을 생각해 봐요.
	독해	불상을 통해 삼국에 전래된 불교의 역할에 대해 파악해 봐요.
	논술	고구려, 백제, 신라, 가야 문화의 특징을 살펴보고 대표하는 문화유산을 생각해서 써 봐요.

4주

이차돈, 서라벌에 꽃비를 내리다

삼국의 문화

공부한 날: 　　　월　　　일

이차돈, 서라벌에 꽃비를 내리다

어느 날, 신라 법흥왕이 신하들을 한자리에 모이게 했어요.

"짐이 우리 신라를 위해 중요한 결정을 내렸소. 신라에 불교를 정식으로
받아들여 백성의 마음을 하나로 모으려고 하오."

"전하, 그것은 절대 해서는 안 될 일이옵니다."

"맞습니다. 신라에는 이미 나라를 지켜 주는 신이 있사옵니다."

신하들은 벌떼처럼 들고일어나 반대했어요. 당시 신라에는 옛날부터
내려오던 신을 믿는 사람이 많았어요. 특히 서라벌에 사는 귀족들은 대부분
전통적인 신을 믿었지요.

신하들이 반대하자 법흥왕의 고민은 더욱 깊어졌어요. 바로 그때
이차돈이라는 낮은 직급의 관리가 법흥왕을 찾아왔어요.

"소인이 대왕의 뜻을 펼칠 수 있게 돕고 싶습니다. 많은 사람이 보는
앞에서 제 목을 베신다면 뜻을 이루실 수 있을 것입니다."

이차돈의 말을 들은 법흥왕은 죄 없는 사람의 목숨을 빼앗을 수 없다며
거절했어요. 하지만 이차돈의 굳은 결심을 막을 수 없었지요. 결국
법흥왕은 이차돈의 뜻을 받아들이기로 했어요.

이차돈을
벌하십시오.

음음…… 휴우

부처님의 뜻으로
절을 지었는데
무엇이 잘못인지요
??

이차돈은 귀족들이 신성하게 여기는 숲인 천경림으로 갔어요. 그리고는 왕의 명령에 따라 절을 짓기로 했다며 천경림에 있는 나무들을 베어 내기 시작했지요. 이 소문을 들은 신하들은 화가 나서 법흥왕에게 달려갔어요.

"전하, 이차돈이라는 자가 신성한 천경림의 나무를 베고 절을 지으려고 합니다. 큰 벌을 내리소서."

법흥왕은 이차돈을 불러오게 했어요. 이차돈은 자신이 왕의 명령인 것처럼 속여 나무를 벴다고 당당히 말했지요. 법흥왕은 이차돈과 미리 약속한 대로 왕명을 속인 죄를 물어 이차돈의 목을 베라고 했어요.

"부처님이 계시다면 제가 죽은 뒤 반드시 기이한 일이 있을 것입니다."

이차돈은 이 말을 남기고 조용히 죽음을 맞았어요. 그런데 이게 웬일이에요? 형벌을 맡은 관리가 이차돈의 목을 베자 붉은 피 대신 우유처럼 하얀 피가 솟구쳤어요. 하늘이 어두컴컴해지고 사방에서 꽃비가 떨어졌지요. 게다가 사람들이 서 있던 땅까지 크게 흔들렸어요. 이 광경을 본 사람들은 깜짝 놀랐어요.

이차돈의 죽음을 계기로 법흥왕은 불교를 신라의 공식 종교로 선언했어요. 불교를 반대하던 신하들도 더 이상 법흥왕의 뜻을 꺾을 수 없었지요. 법흥왕은 이차돈의 장례를 성대하게 치러 주고 흥륜사라는 절을 지어 그의 영혼을 위로해 주었답니다.

한국사 퀴즈

□□□의 죽음으로 신라는 불교를 공식적으로 받아들이게 되었어요.

신라의 신을 무시하다니!

고얀놈!

어디서 감히 불교를 논해?응?

제가 나설까요?

조금만 기다려!

이야기 속에 나왔던 용어를 따라 쓰면서 설명을 읽어 보세요. 그리고 오른쪽 문제도 함께 풀어 보세요.

법 흥 왕

지증왕의 맏아들로 신라의 제23대 왕이에요. 법흥왕은 신라의 기틀을 튼튼히 다진 왕이지요. 법흥왕은 율령을 만들어 널리 알리고 불교를 공인해 신라를 고대 국가로 발전시켰어요. '율령'은 오늘날 형법, 민법, 행정법 같은 법률 제도예요. 법흥왕은 온 나라 사람들이 지켜야 할 법을 정하고 법에 따라 나라를 다스리려고 했어요. 또, 독실한 불교 신자였던 법흥왕은 신라에 불교를 받아들여 백성들의 마음을 하나로 모으려고 했지요. 이차돈의 희생으로 불교가 신라의 공식 종교로 자리 잡으면서 법흥왕의 권력도 한층 강해졌어요. 법흥왕은 강력한 왕권을 바탕으로 정치와 군사 제도를 정비하고 가야까지 세력을 떨쳤어요.

이차돈을 기리기 위해 지은 흥륜사

불 교

석가모니

히말라야 산맥 아래에 있던 작은 나라의 왕자 싯다르타가 만든 종교예요. 싯다르타는 왕궁을 떠나 6년간 자신을 갈고 닦은 끝에 깨달음을 얻어 부처가 되었어요. 그는 '석가모니'라고 불리며 인도 지방에서 자신이 얻은 깨달음을 사람들에게 전했지요. 하지만 불교가 발전하게 된 것은 석가모니가 죽은 후부터예요. 불교는 인도와 스리랑카 등지에서 동남아시아를 거쳐 중국에 전해졌어요. 그리고 다시 삼국 시대에 우리나라에 전해졌답니다.

이 차 돈

신라 법흥왕 때 불교를 전파하기 위해 순교한 최초의 불교 순교자예요. 당시 스물여섯 살의 하급 관리였던 이차돈은 남몰래 불교를 믿고 있었어요. 그래서 불교를 공인하려는 법흥왕의 뜻을 미리 알고 자신을 희생하겠다는 제안을 했지요. 이차돈의 순교로 신라에는 불교가 나라의 공식 종교로 자리 잡게 되었어요. 이차돈의 순교 이야기는 역사책 『삼국사기』와 『삼국유사』에 모두 기록되어 있어요.

이차돈 순교비

1 이 글에서 일어난 일로 알맞으면 ○표, 알맞지 <u>않으면</u> ✕표 하세요.

(1) 법흥왕이 불교를 받아들이려고 하자 신하들이 찬성했다. ☐

(2) 이차돈은 신라에 불교를 들여오려고 자신의 목숨을 바쳤다. ☐

(3) 이차돈은 법흥왕의 명령에 따라 천경림에 있는 나무들을 베어 냈다. ☐

(4) 이차돈의 목을 베자 붉은 피 대신 하얀 피가 솟구치고 사방에서 꽃비가 내렸다. ☐

2 이 글에 나타난 이차돈의 성격으로 알맞은 것은 무엇입니까? (   )

① 겸손하다.　　　　② 희생적이다.　　　　③ 효심이 깊다.
④ 모험심이 있다.　　⑤ 소심하고 우유부단하다.

3 다음은 뒷부분의 이야기를 정리한 표입니다. 빈칸에 들어갈 알맞은 낱말을 쓰세요.

(1) ☐ 의 죽음

기이한 일이 일어남.

하얀 피가 솟아남.

하늘이 어두워지고 사방에서 꽃비가 내림.

땅이 크게 흔들림.

법흥왕은 (2) ☐ 을/를 신라의 공식 종교로 선언함.

독해를 잡아라!

다음은 삼국 시대의 불교에 대한 글이에요. 다음 글을 꼼꼼히 읽고 문제를 풀어 보세요.

글의 주제
삼국 시대에 전해진 불교는 왕실을 중심으로 퍼져 나갔고, 호국적인 성격이 강했다.

문단별 중심 내용
㈎ 불상은 삼국의 불교를 대표하는 유물이었음.
㈏ 불교는 삼국 시대에 처음으로 중국에서 우리나라에 전해졌음.
㈐ 삼국의 왕들은 불교가 왕실의 권위를 높일 수 있어 적극적으로 불교를 보호했음.
㈑ 삼국의 불교는 호국적인 성격이 강했음.

연가 7년명 금동 불입상

㈎ 불상은 삼국의 불교를 대표하는 유물이에요. 우리나라에서 가장 오래된 불상은 '연가 7년명 금동 불입상'이지요. '연가 7년'은 고구려 왕이 즉위한 지 7년째 되는 해에 만들었다는 뜻이고, '금동 불입상'은 동으로 만들고 금을 입힌 것으로, 서 있는 불상이라는 뜻이에요. 불상의 뒷면에는 만들어진 때와 곳, 만들게 된 까닭이 적혀 있어요. 이 불상은 고구려에서 만들어졌지만 옛 신라 땅인 경상북도 의령에서 발견됐어요.

㈏ 불교는 삼국 시대에 처음으로 중국에서 우리나라에 전해졌어요. 고구려는 소수림왕 때 불교를 가장 먼저 받아들였어요. 다음으로 백제가 침류왕 때 불교를 공식 종교로 인정했지요. 신라는 전통 신앙을 믿는 귀족들의 반대로 인정받지 못하다가 법흥왕 때 삼국 중 가장 마지막으로 불교를 공인했어요.

㈐ 삼국의 왕들은 왕실의 권위를 높일 수 있어 적극적으로 불교를 받아들여 정치에 이용했어요. 그래서 불교는 처음에 왕실을 중심으로 퍼져 나갔어요. 특히 신라는 '왕이 곧 부처'라는 생각을 내세우며 법흥왕과 진덕 여왕 등 왕의 이름까지 불교식으로 지었지요. 당시 사람들은 왕을 부처처럼 여겼고, 왕이 다스리는 나라를 부처가 다스리는 불국토라고 생각했어요.

㈑ 삼국의 불교는 부처의 힘을 빌어 나라를 지키고 나라의 발전을 비는 호국적인 성격이 강했어요. 나라에서 직접 신라의 황룡사, 백제의 미륵사 같은 큰 절을 지었고 전쟁이 벌어지면 전쟁의 승리를 기원하는 법회가 열렸답니다.

1 다음 빈칸에 알맞은 낱말을 쓰세요.

- 이름: 연가 7년명 금동 불입상
- 재료: 동으로 만들고 (1) (   )을/를 입혔음.
- 특징
 −우리나라에서 가장 오래된 불상으로, 불상 뒷면에 만들
  어진 때와 곳, 만들게 된 까닭이 적혀 있었음.
 −연가 7년 (2) (   )에서 만들어진 불상으로 옛
  신라 땅에서 발견되었음.

2 삼국이 불교를 공인한 때를 선으로 이으세요.

(1) 고구려 •

(2) 백제 •

(3) 신라 •

• ㉮ 침류왕 때

• ㉯ 법흥왕 때

• ㉰ 소수림왕 때

3 삼국 시대의 불교에 대해 알맞게 말한 친구에게 ○표 하세요.

(1) 신라에서는 불교가 백성들을 중심으로 퍼져 나갔어.
(   )

(2) 삼국의 불교는 마음을 닦는 마음 공부를 중요하게 여겼어.
(   )

(3) 불교는 왕실의 권위를 높일 수 있어 삼국의 왕들은 불교를
정치에 이용했어. (   )

논술을 잡아라!

다음은 고구려와 백제, 신라와 가야를 여행한 서역 상인의 기행문이에요. 다음 글을 꼼꼼히 읽고 문제를 풀어 보세요.

화공 예전에 화가를 부르던 말이었음.
향로 향을 피우는 자그마한 화로.
서라벌 경주의 옛 이름.
서역 중국의 서쪽에 있던 여러 나라를 통틀어 이르는 말.

서역에서 온 유리병과 유리잔

나는 친구인 중국 상인을 따라 고구려, 백제, 신라를 여행하고 돌아왔어요. 삼국은 중국만큼 문화가 발달했더군요. 가장 먼저 들른 곳은 고구려였지요. 운 좋게도 높으신 분의 무덤방에 그림을 그리는 장면을 구경하게 되었어요. 화공이 무덤 벽면에 사냥을 하는 「수렵도」와 춤을 추는 「무용도」 등을 그리고 있었지요. 선이 굵고 다양한 색의 벽화만 봐도 고구려 사람들의 생활 모습을 알 수 있었어요. 고구려 사람들은 호쾌하고 굳센 마음을 가졌을 것 같더군요.

다음으로는 백제의 도읍인 사비성으로 한참을 내려갔어요. 궁궐에도 방문했는데, 왕께서 직접 맞아 주셨답니다. 궁궐에는 신기하고 화려한 물건이 많았어요. 그중에서 가장 눈길을 끈 것은 제사 지낼 때 쓰는 금동 대향로였어요. 향로 꼭대기에는 봉황, 받침대에는 용이 있고, 신선이 산다는 봉래산, 연꽃과 악사 등 다양한 인물과 동식물이 섬세하게 조각되어 있었어요. 금속으로 이렇게 섬세하고 세련된 작품을 만들다니 백제의 금속을 다루는 기술이 정말 대단하다고 느꼈어요.

백제의 궁궐에서 나온 우리는 신라로 발걸음을 옮겼어요. 서라벌에 도착해서 천문대라는 첨성대부터 들렀어요. 신라 사람들은 이곳에서 농사를 짓기 위해 날씨의 변화를 관찰한대요. 신라도 백제만큼 금속을 다루는 기술이 뛰어나다고 해서 금관을 만드는 대장간도 구경했지요. 완성된 금관은 백제 못지않게 화려했어요. 다음 날에는 신라의 여왕도 뵈었는데 여왕께는 서역의 유리병과 잔들을 선물로 드렸지요.

돌아올 때는 '철의 나라'라고 불리는 가야에도 들러 튼튼하고 아름답다는 칼과 갑옷을 샀어요. 세 나라와 가야에는 신기하고 값진 물건들이 많아 떠나는 발걸음이 너무 아쉬웠어요.

46

1 다음 벽화에서 알 수 있는 고구려 사람들의 생활 모습을 쓰세요.

「수렵도」

고구려 사람들은 _____

_____

_____

2 다음 유물들이 알려 주는 사실은 무엇인지 쓰세요.

백제의 금동 대향로 　　　　　신라의 금령총 금관 　　　　　가야의 갑옷

• 삼국과 가야 사람들은 _____

3 삼국과 가야를 대표하는 문화유산을 정해 그렇게 생각한 까닭과 함께 쓰세요.

• 나는 삼국과 가야를 대표하는 문화유산은 (1) _____ (이)라고

생각한다. 왜냐하면, (2) _____

_____ 때문이다.

47

학습 내용	한국사	백제와 신라가 맞붙은 황산벌 전투 이야기를 읽고 당시의 모습을 짐작해 봐요.
	독해	고구려가 수, 당과 맞서 싸운 모습을 살펴보고 고구려의 역할을 파악해 봐요.
	논술	삼국 통일의 과정을 살펴보고 가장 큰 공을 세운 인물을 평가해 봐요.

5주

황산벌에서 맞붙은 계백과 김유신

삼국 통일

공부한 날:　　　월　　　일

한국사가 궁금해!

황산벌에서 맞붙은 계백과 김유신

백제 의자왕이 신하들과 잔치를 시작할 무렵, 병사 하나가 달려왔어요.

"전하, 당나라군이 기벌포를 넘었고, 신라군도 탄현을 넘어 백제로 쳐들어오고 있습니다."

깜짝 놀란 의자왕은 황급히 의직을 기벌포로 보내 당군을 막게 하고, 계백을 황산벌로 보내 신라군을 막게 했어요. 5만의 신라군이 새카맣게 몰려왔지만 계백이 거느린 군사는 겨우 5천 명이었어요.

오랫동안 싸움터를 누빈 계백은 이 싸움이 백제의 운명을 건 마지막 전투가 될 것이라고 예감했어요.

"너희가 살아서 치욕을 당하느니 차라리 내 손에 죽는 것이 낫다. 하늘에서 다시 만나자."

전쟁터에 나가기 전 계백은 아내와 자식들을 모두 죽이고 황산벌로 나갔어요. 계백은 5천 명의 병사들을 독려하며 용감하게 외쳤지요.

"옛날 월나라 왕 구천은 5천 명의 군사로 오나라의 70만 대군을 막아 냈다. 우리가 죽기를 각오하면 반드시 적을 물리칠 것이다!"

계백의 말에 사기가 오른 백제군은 신라군과 네 차례 싸워 네 차례 모두 이겼어요. 반대로 신라군의 사기는 꺾였어요.

김유신은 신라군의 사기를 북돋기 위해 화랑이라는 묘수를 쓰기로 했지요. 김유신은 자신의 조카인 화랑 반굴을 백제군이 모여 있는 적진의 한가운데로 보냈어요. 하지만 반굴은 곧 백제군에게 죽음을 당했어요. 그러자 이번에는 열여섯 살의 화랑 관창이 적진으로 뛰어들었어요. 관창은 홀로 용감하게 싸웠으나 단번에 사로잡혀 계백 앞으로 끌려왔지요.

"아직 어린아이로구나! 살려서 돌려보내라."

한국사 퀴즈

계백과 5천 결사대가 황산벌 전투에서 신라군에 패하면서 □□이/가 멸망했어요.

계백은 관창의 앳된 얼굴을 보고 앞날이 창창하다고 생각해 신라군으로 돌려보냈어요. 신라군으로 돌아온 관창은 우물물을 떠서 마신 뒤 그대로 말을 타고 백제군을 공격하러 되돌아갔어요. 그러나 얼마 지나지 않아 다시 백제군에 사로잡히는 신세가 됐지요.

"어리지만 용기가 가상하구나. 하지만 더는 살려 줄 수 없다."

계백은 관창의 목을 베게 하여 말안장에 매달아 돌려보냈어요.

관창의 용기 있는 죽음을 본 신라군은 눈물을 흘리며 분노했어요. 그러고는 백제군을 쳐부수겠다며 총공격을 펼쳤지요. 백제군은 신라군을 맞아 있는 힘을 다해 싸웠지만 역부족이었어요. 결국 계백과 5천 결사대는 황산벌에서 모두 전사했어요. 계백이 황산벌 전투에서 패하면서 도읍인 사비성이 함락되고 백제가 멸망했어요.

이야기 속에 나왔던 용어를 따라 쓰면서 설명을 읽어 보세요. 그리고 오른쪽 문제도 함께 풀어 보세요.

백제멸망

백제는 나라의 힘을 키워 무왕 때 빼앗긴 한강 유역을 되찾으려고 신라를 공격했어요. 무왕의 뒤를 이은 의자왕은 신라를 여러 차례 공격해 40여 개의 성을 빼앗고 대야성을 함락시켰어요. 나아가 백제는 적으로 지냈던 고구려와 동맹까지 맺으며 신라를 위협했어요. 이에 신라는 당과 동맹을 맺고 나당 연합군을 만들어 고구려보다 약한 백제를 먼저 공격했지요.

소정방이 이끄는 당군은 백강을 통해, 김인문이 이끄는 신라군은 탄현을 넘어 백제에 쳐들어왔어요. 의자왕은 의직에게 당군을 막게 하고, 계백에게는 황산벌에서 신라군을 막게 했지요. 그러나 백제군은 엄청난 수의 나당 연합군을 당해 내지 못했어요. 백제의 도읍인 사비성마저 함락되자, 웅진성에 피해 있던 의자왕은 나당 연합군에 항복했어요. 660년에 의자왕과 귀족, 백성들이 당에 포로로 끌려가면서 백제가 멸망했어요.

계백

계백은 백제 말기의 장군이었어요. 성충, 흥수와 함께 백제의 삼충신으로 알려졌지요. 660년에 당과 신라 연합군이 백제에 쳐들어오자, 5천 명의 결사대를 이끌고 황산벌에 나가 싸웠어요. 5만 명의 신라군을 맞아 용감히 싸웠으나 대규모 군대와 맞서기에는 힘에 부쳤어요. 결국 황산벌 전투에서 5천 결사대가 전멸하고 계백도 전사했지요. 백제의 운명과 함께한 계백의 충성심과 절개는 조선 시대 유학자들에게도 칭송을 받았어요.

계백 등을 기리기 위한 사당, 삼충사

김유신

신라의 대표적인 장군이자 충신으로, 태종 무열왕 김춘추와 문무왕을 도와 삼국 통일을 이루었어요. 선덕 여왕 때 반란을 진압하고 김

경주 김유신 묘

춘추와 함께 삼국 통일의 발판을 닦았어요. 이후 김춘추는 당과 동맹을 맺는 데 성공했고, 김유신은 백제와의 전투를 승리로 이끌어 백제를 멸망시켰어요. 문무왕 때의 고구려 원정에서는 김유신이 후방에서 당군을 지원하고 전략을 세워 고구려를 멸망시키는 데 큰 공을 세웠어요.

1 다음 사건이 벌어진 곳은 어디인지 <u>세 글자</u>로 찾아 쓰세요.

> 계백이 이끄는 백제군과 김유신이 이끄는 신라군이 백제의 운명을 건 전투를 벌였다.

(   )

2 계백이 백제 진영에 뛰어든 관창을 살려 준 까닭은 무엇입니까? (   )

① 신라군의 사기가 올라갈까 봐 걱정되어서
② 주변에 있던 부하들이 살려 줄 것을 부탁해서
③ 관창의 나이가 어려서 앞날이 많이 남았으므로
④ 관창을 죽이면 신라군이 보복할까 봐 걱정되어서
⑤ 백제군의 아량이 넓다는 것을 신라군에 알리기 위해

3 이 글을 읽고 난 생각이나 느낌을 <u>잘못</u> 말한 친구에게 ○표 하세요.

(1) 신라군과 싸움을 하기 전에 아내와 자식을 모두 죽이다니 계백은 잔인한 사람 같아. (   )

(2) 백제의 운명을 건 전투에서 나라를 위해 목숨까지 바쳤던 계백은 진정한 백제의 충신이었어. (   )

(3) 신라군의 사기를 높이려고 자신의 목숨을 버리다니 관창처럼 나라를 사랑하는 사람은 흔치 않아. (   )

(4) 반굴과 관창 같은 젊은 화랑에게 홀로 적진에 뛰어들게 한 작전 덕분에 신라군의 사기가 높아졌어. 김유신은 아주 영리한 사람이야. (   )

다음은 고구려와 중국 수, 당과의 전쟁에 대한 글이에요. 다음 글을 꼼꼼히 읽고 문제를 풀어 보세요.

글의 주제
고구려는 수와 당의 공격을 막아 내며 한반도의 방파제 역할을 했다.

문단별 중심 내용
㈎ 중국을 통일한 수가 대규모 군대를 이끌고 고구려를 침략했음.
㈏ 을지문덕은 후퇴하는 수 별동대를 살수에서 무찔러 큰 승리를 거두었음.
㈐ 당도 고구려를 침략했으나 안시성 싸움에서 패해 철수함.
㈑ 고구려는 700여 년간 중국과 맞서 싸우며 한반도의 방파제 역할을 했음.

㈎ 백제가 신라와 황산벌에서 싸움을 벌일 무렵, 고구려는 중국과 싸웠어요. 수는 중국을 통일한 뒤 110만 명이 넘는 군대를 이끌고 고구려로 쳐들어왔어요. 고구려가 수의 공격을 잘 막아 내자, 수는 30만 명의 별동대를 꾸려서 고구려 수도인 평양성으로 향했지요.

㈏ 을지문덕은 적에게 쫓겨 도망가는 척하면서 고구려 땅 깊숙이 수 별동대를 유인했어요. 고구려 군대가 계속 잡히지 않자, 수 별동대는 철수하기로 했지요. 수 별동대가 살수(청천강)를 반쯤 건너고 있을 때 을지문덕은 총공격을 명령했어요. 고구려 군대는 후퇴하는 수의 별동대를 크게 무찔러 큰 승리를 거두었어요. 이를 '살수 대첩'이라고 해요.

㈐ 수의 뒤를 이어 세워진 당도 연개소문의 정변을 구실로 고구려에 쳐들어왔어요. 당은 요동성과 백암성을 차례로 함락시켰어요. 안시성마저 포위하고 공격했지만 성주와 백성이 한마음으로 똘똘 뭉쳐 지켜 냈어요. 그러자 당 태종은 안시성 옆에 흙산을 쌓아 안시성을 빼앗으려고 했어요. 얼마 뒤 갑자기 억수같이 비가 퍼붓자, 공들여 쌓은 흙산이 무너졌어요. 고구려 군대는 이 틈에 흙산을 빼앗았지요. 결국 당 군대는 안시성을 포기하고 철수할 수밖에 없었어요.

㈑ 고구려는 700여 년이 넘는 긴 시간 동안 한반도의 북쪽에서 중국과 맞서 싸워 왔어요. 고구려는 한반도를 지키는 방파제 역할을 해 온 나라였어요.

1 다음에서 설명하는 인물은 누구인지 쓰세요.

> • 고구려의 장군이었다.
> • 수의 별동대를 고구려 땅 깊숙이 유인하였다.
> • 수의 별동대가 살수를 반쯤 건넜을 때 총공격하여 크게 무찔렀다.

(   )

2 안시성 싸움에 대해 알맞게 말한 친구에게 ○표 하세요.

 (1) 당은 안시성 옆에 흙산을 쌓아 안시성을 함락시켰어.
(   )

 (2) 당이 살수 대첩을 앙갚음하려고 고구려에 쳐들어온 거야.
(   )

 (3) 고구려 군대가 무너진 당의 진지인 흙산을 빼앗으면서 고구려가 승리했어. (   )

3 다음 빈칸에 알맞은 나라는 어디입니까? (   )

> ☐☐☐☐은/는 한반도 북쪽에 자리 잡고 수와 당의 공격을 차례로 막아 내며 700여 년간 한반도를 지켜 내는 방파제 역할을 했다.

① 신라   ② 백제   ③ 가야
④ 발해   ⑤ 고구려

다음은 삼국 통일에 대한 글이에요. 다음 글을 꼼꼼히 읽고 문제를 풀어 보세요.

반란 정부나 지도자에 반대하여 내란을 일으킴.
속셈 마음속으로 하는 궁리나 계획.
매소성 백제와 고구려가 멸망한 후 신라가 당 세력을 몰아내는 결정적 계기를 마련한 전투가 벌어졌던 곳.
기벌포 전투 신라 문무왕 때 지금의 금강 하구인 기벌포에서 신라와 당 사이에 벌어진 전투.

백제 의자왕이 신라를 계속 공격하자 신라가 위기를 맞았어요. 다급해진 신라는 김춘추를 보내 고구려에 도움을 부탁했지요. 하지만 고구려가 무리한 요구를 하자, 김춘추는 다시 당의 황제를 만나러 갔어요. 김춘추는 당 황제에게 백제를 공격할 때 도와주면 당이 고구려를 공격할 때 돕고 대동강 이북의 땅을 주겠다고 제안했지요. 당 황제가 이를 받아들이면서 신라와 당은 '나당 동맹'을 맺었어요.

동맹을 맺고 난 뒤 신라에서는 김춘추가 태종 무열왕이 되었어요. 660년, 신라는 당과 함께 고구려보다 약한 백제를 먼저 무너뜨리려고 쳐들어갔어요. 13만의 당군은 바다에서, 5만의 신라군은 김유신을 총사령관으로 육지에서 백제를 공격했어요. 계백과 백제군이 마지막 전투였던 황산벌 전투에 패하면서 백제가 멸망했어요.

백제가 멸망하자 신라와 당은 곧바로 고구려를 공격했어요. 고구려는 수, 당과 연이어 전쟁을 치르며 힘이 빠진 데다가 연개소문의 아들들이 서로 권력 권력을 차지하려고 싸워 반란까지 일어났어요. 고구려가 흔들리자 신라와 당은 손쉽게 평양성을 포위했어요. 결국 668년에 고구려마저 멸망했어요.

백제와 고구려가 멸망했지만 전쟁은 끝나지 않았어요. 당은 자기 나라로 돌아가지 않고 신라까지 모두 차지하겠다는 속셈을 드러냈어요. 신라는 매소성과 기벌포 전투에서 당군을 크게 이기고 한반도에서 당을 모두 몰아냈어요. 옛 백제와 고구려의 백성들도 함께 힘을 보탰어요. 마침내 신라가 삼국을 통일해 한 나라를 이루게 되었답니다.

문제 발견

1 다음 사건들을 삼국 통일의 과정에 맞게 차례대로 쓰세요.

백제 멸망,   나당 동맹,   나당 전쟁,   고구려 멸망

(   ) ➡ (   ) ➡ (   ) ➡ (   )

문제 탐색

2 백제와 고구려가 멸망한 후에도 당이 돌아가지 않은 까닭을 쓰세요.

• 당은 _____

_____ 때문이다.

문제 해결

3 세 사람 중 삼국을 통일하는 데 가장 큰 공을 세운 인물을 정해 그 까닭과 함께 쓰세요.

김춘추

삼국 통일에 가장 큰 공을 세운 사람은 나 김춘추라네. 내가 당과 동맹을 맺지 않았다면 삼국 통일은 시작도 못했을 것이오.

김유신

삼국 통일 전쟁을 직접 계획하고 지휘한 것은 나 김유신이라네. 나 아니면 누가 신라군의 승리를 이끌었겠는가?

문무왕

두 분 말씀이 다 옳지만 옛 백제와 고구려 사람들과 함께 당군을 몰아내 삼국 통일을 이룬 사람은 저 아닙니까?

• 삼국을 통일하는 데 가장 큰 공을 세운 것은 (1) (   )이다. 왜냐하면,

(2) _____

_____ 때문이다.

논술

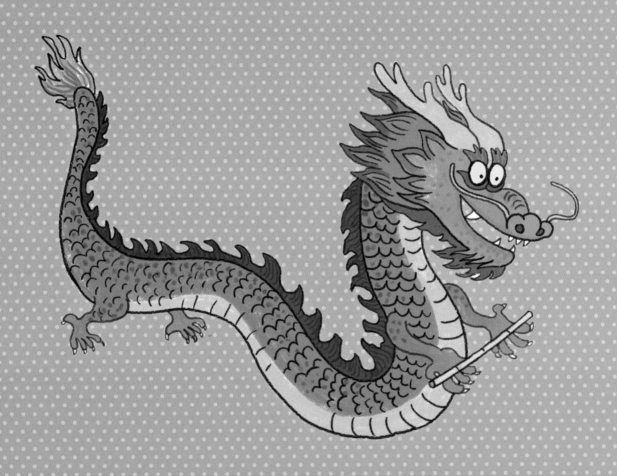

선사 시대   고조선 시대   삼국 시대   남북국 시대   고려 시대   조선 전기   조선 후기   개항기   일제 강점기   대한민국

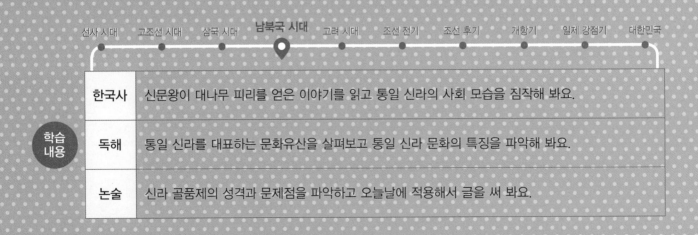

학습 내용	한국사	신문왕이 대나무 피리를 얻은 이야기를 읽고 통일 신라의 사회 모습을 짐작해 봐요.
	독해	통일 신라를 대표하는 문화유산을 살펴보고 통일 신라 문화의 특징을 파악해 봐요.
	논술	신라 골품제의 성격과 문제점을 파악하고 오늘날에 적용해서 글을 써 봐요.

6주

대나무 피리로
나라가 평안해지다

통일 신라의 발전

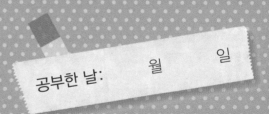

공부한 날: 월   일

대나무 피리로 나라가 평안해지다

삼국을 통일한 신라 문무왕은 나라를 다스린 지 21년째 되는 해에 나이가 들어 자리에 눕게 되었어요. 문무왕은 아들인 신문왕을 가까이 불렀어요.

"내가 죽거든 동해 한가운데 있는 바위섬에 못을 만들어 묻어 다오. 내가 나라를 지키는 용이 되어 왜구로부터 우리 신라를 지킬 것이다."

"흑흑. 아바마마, 말씀대로 하겠나이다."

신문왕은 아버지 문무왕의 유언대로 동해 바다에 문무왕의 수중릉을 만들었어요. 그리고 감은사라는 절을 세워 문무왕을 기렸지요.

그다음 해 어느 날, 바다 일을 맡은 해관 박숙청이 신문왕을 찾아왔어요.

"폐하, 바다에 작은 산이 나타나 감은사를 향해 떠 오고 있습니다."

신문왕은 이상하게 여겨 천문을 맡은 일관에게 점을 쳐 보게 했어요. 일관은 한참 점을 치더니 신문왕에게 아뢰었어요.

"바다의 용 문무왕과 하늘 신이 되신 김유신 장군께서 나라를 지킬 보배를 주려고 하십니다. 바다로 나가면 반드시 큰 보물을 얻으실 것입니다."

이 말을 들은 신문왕은 기뻐하며 바닷가로 나갈 준비를 했어요.

신문왕이 감은사 근처에 있는 이견대에 올라 바다를 살펴보았더니 과연 산이 있었어요. 그래서 사람을 시켜 자세히 알아보게 했어요.

엄마야~

마마, 몸조심 하세요.

휙

"산의 모양이 마치 거북이 머리 같사옵니다. 이 산 위에는 대나무가 한 그루 있는데 낮에는 둘로 갈라졌다가 밤이 되면 하나로 합쳐지옵니다."

이 말을 들은 신문왕은 배를 타고 직접 바다를 떠 오던 산으로 들어갔어요. 그때 갑자기 용이 나타나 대나무를 바치며 이렇게 말했어요.

"이 대나무로 피리를 만들어 불면 나라가 평안할 것입니다. 바닷속의 큰 용 문무왕과 하늘 신 김유신 장군이 저로 하여금 이 보물을 바치게 하셨습니다."

신문왕은 기뻐하며 다시 배를 타고 바다로 나왔어요. 궁궐로 돌아온 신문왕은 대나무로 피리를 만들어 나라의 보물 창고인 천존고에 고이 두었어요. 이 피리를 불면 적들이 물러가고, 병이 나으며, 장마가 그쳤어요. 가뭄에는 비가 내리며, 바람이 잦아들고, 파도가 잔잔해졌지요. 그래서 이 피리를 거센 물결을 잠재우는 피리라는 뜻의 '만파식적(萬波息笛)'이라고 불렀어요.

한국사 퀴즈

통일을 이룬 신라에는 피리를 불면 나라의 모든 근심거리가 사라지는 □□□□이/가 있었어요.

61

한국사를 잡아라!

이야기 속에 나왔던 용어를 따라 쓰면서 설명을 읽어 보세요. 그리고 오른쪽 문제도 함께 풀어 보세요.

통 일 신 라

삼국을 통일한 이후의 신라를 삼국 통일 이전과 비교해서 부르는 말이에요. 옛 고구려 땅에 발해가 세워지면서 한반도 남쪽에는 통일 신라, 북쪽에는 발해가 있는 남북국 시대가 시작됐어요.

신라는 삼국을 통일한 이후 삼국으로 나뉘어 있던 나라를 하나로 통합하고 넓어진 땅과 늘어난 인구를 다스리는 데 온 힘을 쏟았어요. 통일 신라는 곧 하나의 나라로 안정을 되찾고 삼국 통일 과정에서 사이가 나빴던 당과의 외교 관계도 되살렸지요. 통일 신라는 가까운 발해와 왜뿐 아니라 서역과도 교류하며 학문과 문화를 발전시켜 나갔답니다.

신 문 왕

신라의 제31대 왕인 신문왕은 문무왕의 뒤를 이어 왕이 되었어요. 신문왕은 강력한 왕권을 바탕으로 나라를 다스렸지요. 통일 이후 두세 배 넓어진 땅을 다스리기 위해 전국을 9개의 주로 나누고 지방에는 5개의 작은 도읍을 두었어요.

유교를 가르치는 국학을 세워 나라를 다스릴 인재를 키웠어요. 군사 조직도 바꾸어서 신라 사람뿐 아니라 고구려, 백제, 말갈 사람까지 넣어 9서당이라는 중앙군을 만들었어요. 지방에도 군대를 만들어 국방을 튼튼히 했지요. 그래서 통일 신라는 신문왕 때 전성기를 맞았어요.

신라의 국학이 있던 곳에 세워진 경주 향교

감 은 사

문무왕은 삼국을 통일한 이후 왜구의 침입을 막는 데 부처의 힘을 빌리려고 절을 짓기 시작했어요. 그러나 절을 완성

경주 감은사지 동·서 삼층 석탑

하지 못했고, 아들인 신문왕이 절을 완공해 '감은사'라고 이름 지었어요. '감은사'는 문무왕의 은혜에 감사한다는 뜻이지요.

감은사는 황룡사, 사천왕사와 함께 신라를 지키고 보호하는 호국 사찰이었어요. 절은 모두 무너져 지금은 삼층 석탑 2개와 절터만 남아 있어요. 이 석탑들은 장중하면서도 기백이 넘쳐 석탑의 모범이 되고 있어요.

1 이 글에서 일어난 일로 알맞으면 ○표, 알맞지 <u>않으면</u> ✕표 하세요.

(1) 문무왕은 아들인 신문왕에게 유언을 남겼다.

(2) 문무왕은 산에서 신라를 지키는 대나무가 되고 싶어 했다.

(3) 신문왕은 용에게 받은 대나무로 피리를 만들어 보물 창고에 보관했다.

(4) 바다 일을 맡아보는 관리가 신문왕에게 동쪽 바다에서 큰 물고기가 떠 온다고 보고했다.

2 다음에서 시간을 나타내는 말을 찾아 쓰세요.

> 그다음 해 어느 날, 바다 일을 맡은 해관 박숙청이 신문왕을 찾아왔어요.
> "폐하, 바다에 작은 산이 나타나 감은사를 향해 떠 오고 있습니다."
> 신문왕은 이상하게 여겨 천문을 맡은 일관에게 점을 쳐 보게 했어요.

(   )

3 다음 중 '만파식적'의 뜻으로 알맞은 것은 무엇입니까? (   )

① 용이 준 대나무　　　　　② 대나무로 만든 피리
③ 신라 신문왕을 위한 보물　④ 거센 물결을 잠재우는 피리
⑤ 바다 용과 하늘 신이 준 보배

다음은 통일 신라의 문화유산에 대한 글이에요. 다음 글을 꼼꼼히 읽고 문제를 풀어 보세요.

글의 주제
통일 신라를 대표하는 불국사와 석굴암은 통일 신라 문화의 특징과 신라 사람들의 자부심을 보여 준다.

문단별 중심 내용
㈎ 불국사와 석굴암은 통일 신라를 대표하는 문화유산임.
㈏ 불국사는 부처님의 나라를 현실 세계에 옮겨 놓은 곳임.
㈐ 석굴암은 신라 사람들의 뛰어난 과학 기술을 보여 줌.
㈑ 불국사와 석굴암은 통일 신라 문화의 특징과 신라 사람들의 자부심을 드러냄.

㈎ 불교의 나라였던 통일 신라는 많은 절과 불상, 탑을 세웠어요. 그 중 불국사와 석굴암은 통일 신라를 대표하는 문화유산이에요. 세계 문화유산으로 등재되어 뛰어난 아름다움을 인정받고 있지요.

㈏ 불국사는 '부처님의 나라'라는 뜻으로, 부처님이 사는 나라를 현실 세계에 옮겨 놓은 곳이에요. 절의 정문으로 올라가는 계단 백운교와 청운교는 부처님의 나라와 우리가 살고 있는 현실을 잇는다는 뜻을 담고 있어요. 대웅전 앞에 마주 보고 있는 두 개의 탑은 각각 현세(지금 이 세상)와 전생의 부처를 상징하지요. 불국사 3층 석탑은 소박하고 단정한 반면, 다보탑은 화려하고 세련되었어요.

㈐ 불국사가 통일 신라를 대표하는 건축이라면 석굴암은 통일 신라를 대표하는 조각이에요. 신라 사람들은 300여 개의 돌을 치밀하게 계산하고 차곡차곡 쌓아서 동그란 돔 모양의 석굴 사원을 만들었어요. 굴 내부는 습기가 차지 않도록 차고 더운 공기의 흐름까지 생각해서 만들었지요. 석굴암 안에 있는 석가모니 불상인 본존불이 바라보는 방향도 동짓날 해가 뜨는 각도와 맞아떨어진다고 해요. 그래서 석굴암은 신라 사람들의 뛰어난 과학 기술을 보여 주고 있어요.

㈑ 불국사와 석굴암을 보면 통일 신라 문화의 특징과 삼국을 통일한 신라 사람들의 자부심을 느낄 수 있어요. 통일 신라는 자신들의 고유한 문화에 고구려와 백제의 문화를 받아들여 더욱 풍부한 문화를 만들어 나갔답니다.

64

1 다음 빈칸에 들어갈 알맞은 문화유산이 무엇인지 쓰세요.

- 위치: 경주 토함산
- 이름의 뜻: 부처님의 나라
- 특징:
  - 절의 정문으로 올라가는 계단 백운교와 청운교가 있다.
  - 대웅전 앞에는 불국사 3층 석탑과 다보탑이 마주 보고 서 있다.

2 석굴암에 대해 알맞게 말한 친구에게 모두 ○표 하세요.

(1) 치밀한 계산으로 300여 개의 돌을 차곡차곡 동그랗게 쌓아서 만들었어. (   )

(2) 본존불은 신라의 왕궁 쪽을 바라보게 해서 부처의 힘을 받으려고 했어. (   )

(3) 석굴암 내부는 습기가 차지 않게 차고 더운 공기의 흐름을 생각해서 설계했어. (   )

3 다음 중 통일 신라 문화의 특징으로 알맞은 것은 무엇입니까? (   )

① 유교를 받아들였다.　　　　② 불교가 특히 발달했다.
③ 외국 문화와 비슷했다.　　　④ 기독교 사상이 유행했다.
⑤ 백제, 고구려의 문화를 멀리했다.

다음은 통일 신라의 골품제에 대한 글이에요. 다음 글을 꼼꼼히 읽고 문제를 풀어 보세요.

서열 일정한 기준에 따라 순서대로 늘어섬. 또는 그 순서.
관직 공무원 또는 관리가 국가로부터 받은 직무나 직책.
왕권 임금이 지닌 권력이나 권리.
호족 통일 신라 말기에 지방에서 성장한 정치 세력.

최치원

신라는 삼국을 통일한 후 평화로운 시절을 보냈어요. 하지만 신라는 엄격한 신분제인 골품제 때문에 점점 병들고 있었어요.

골품제는 골과 품에 따라 서라벌에 사는 귀족의 신분에 서열을 매긴 신라의 독특한 신분 제도예요. 왕족을 뜻하는 골은 성골과 진골로 나누었고, 일반 귀족을 뜻하는 두품은 6~1두품으로 나누었어요. 성골이 가장 높은 신분이었고, 진골은 성골 다음으로 높았지요. 진골 아래는 두품으로 숫자가 클수록 신분이 높았어요.

골품에 따라 옷의 색깔이나 집의 크기, 사용하는 그릇도 정해져 있었어요. 특히 골품에 따라 맡을 수 있는 관직이 달라 문제가 되었어요. 높은 관직은 진골이 독점했고, 6두품은 올라갈 수 있는 관직이 정해져 있어서 불만이 많았지요.

그래서 6두품 중에는 당으로 유학을 떠나는 사람이 많았어요. 신라 최고의 문장가였던 최치원은 당에서 벼슬을 하다가 신라로 돌아와 뜻을 펴려고 했어요. 하지만 6두품이라는 신분의 한계 때문에 정치에 참여할 수 없자 꿈을 접고 산속에 숨어 버렸어요.

신라 말에는 왕권이 약해져 진골 귀족들끼리 왕이 되려고 서로 권력 다툼을 벌였어요. 백성들은 겨우 끼니를 이으며 살았지만 왕과 귀족들은 여전히 사치스러운 생활을 즐겼어요. 세금을 내지 못해 여기저기 떠돌던 백성들은 참다 못해 들고일어났어요. 지방에서는 호족이라는 새로운 세력도 성장하고 있었지요. 신라는 점점 역사의 그늘로 저물어 가고 있었어요.

문제 발견

1 신라의 골품제는 무엇인지 간단히 정리해서 쓰세요.

(1) 골품제는 _____

_____

(2) 골품에 따라 _____

_____ 달랐다.

문제 탐색

2 최치원의 예로 보아, 골품제의 문제점은 무엇이었는지 쓰세요.

_____

_____

문제 해결

3 만약 신라의 골품제가 오늘날까지 이어졌다면 우리 사회에는 어떤 일이 벌어졌을지 상상하여 쓰세요.

• 만약 신라의 골품제가 오늘날까지 계속 이어졌다면 _____

_____

_____

_____

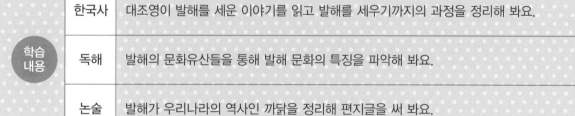

선사 시대　　고조선 시대　　삼국 시대　　**남북국 시대**　　고려 시대　　조선 전기　　조선 후기　　개항기　　일제 강점기　　대한민국

학습 내용	한국사	대조영이 발해를 세운 이야기를 읽고 발해를 세우기까지의 과정을 정리해 봐요.
	독해	발해의 문화유산들을 통해 발해 문화의 특징을 파악해 봐요.
	논술	발해가 우리나라의 역사인 까닭을 정리해 편지글을 써 봐요.

7주

고구려 유민이 세운 나라, 발해

발해의 건국과 멸망

공부한 날: 월   일

고구려 유민이 세운 나라, 발해

고구려가 멸망한 뒤 고구려 사람들은 나라를 다시 일으키려고 끊임없이 당과 싸웠어요. 당은 저항하는 고구려 장수와 백성들을 강제로 끌고 가 당이 다스리는 땅에 흩어져 살게 했어요. 대조영도 고구려 장수였던 아버지 걸걸중상을 따라 당의 영주로 끌려온 고구려 *유민이었어요. 영주에는 고구려 사람뿐 아니라 말갈인과 거란인도 뒤섞여 살고 있었지요.

"어서 세금을 내! 못 내면 노비로 삼을 줄 알아!"

"흉년인데 무슨 돈으로 세금을 냅니까?"

당 관리들은 고구려 사람과 다른 민족들을 무시하고 못살게 굴었어요. 높은 세금을 걷어 제 배만 채웠지요. 결국 참다 못한 거란족 우두머리 이진충이 반란을 일으켜 당 관리를 죽이고 영주를 점령했어요.

"아버지, 지금이 당을 벗어날 기회예요. 어서 여기를 떠나요."

고구려 장수 걸걸중상과 대조영은 영주가 혼란스러운 틈을 타 말갈 우두머리 걸사비우와 함께 고구려 유민을 이끌고 당을 탈출했어요. 이를 알아챈 당 조정은 군대를 보내 걸걸중상 일행을 추격했어요. 동쪽으로 향하던 걸걸중상 일행은 요하를 건너 요동 땅에 도착했지요.

당 군대가 쫓아오자 걸걸중상과 대조영, 걸사비우 일행은 사람들을 모아 당 군대와 맞섰어요. 그러나 이 전투에서 일행은 당 군대에 크게 졌어요.

*유민 망하여 없어진 나라의 백성.

말갈 사람들을 이끌던 걸사비우까지 전사하고 말았지요. 얼마 뒤에는
걸걸중상마저 병으로 세상을 떠났어요.

이제 대조영은 고구려 사람뿐 아니라 말갈 사람들까지
함께 이끌어야 했어요.

"당 군대가 언제 닥칠지 몰라. 우선 안전한 곳으로 가자."

대조영이 예상한 대로 당 군대는 계속해서 쫓아왔어요.
천문령을 지나던 대조영은 결단을 내렸어요. 험준한
이곳에서 당군과 다시 맞서기로 했지요.

"이곳을 잘만 이용하면 사람 수는 적지만 이길 수 있어."

대조영의 군대는 당군이 천문령 깊숙이 들어오자 총공격을 퍼부어 당
군대를 크게 무찔렀어요. 그러자 당군은 더 이상 뒤쫓아 오지 않았어요.

대조영은 사람들을 이끌고 동쪽으로 더 가서 동모산에 이르렀어요.

"여러분, 이곳 고구려의 옛 땅에 나라를 세웁시다! 고구려 사람과 말갈
사람 모두 힘을 합쳐 고구려를 잇는 새 나라를 만듭시다!"

대조영은 동모산 기슭에 나라를 세우고 나라 이름을
'발해'라고 지었어요. 고구려가 멸망한 지 30년 만에 고구려를
잇는 새 나라 발해가 탄생한 거예요.

한국사 퀴즈

대조영은 동모산에
고구려를 잇는 나라 ☐☐
을/를 세웠어요.

☐ ☐

이야기 속에 나왔던 용어를 따라 쓰면서 설명을 읽어 보세요. 그리고 오른쪽 문제도 함께 풀어 보세요.

발 해

698년, 고구려 유민이었던 대조영이 동모산에 세운 나라예요. 발해는 나라가 세워질 때부터 고구려를 잇는 나라임을 밝혔어요. 백성들은 대부분 말갈 사람들이었지만, 나라를 다스리는 지배층은 고구려 사람들이었어요. 발해는 고구려의 옛 땅을 빠르게 되찾으면서 남쪽의 신라와 함께 한반도에서 남

발해 상경성 터에서 나온 용머리상

북국을 이루었어요. 주변 나라들과 교류하며 만주와 연해주까지 영토를 넓혀 전성기인 선왕 때는 '해동성국'이라고 불렸어요. '해동성국(海東盛國)'은 '바다 동쪽의 번성한 나라'라는 뜻이에요. 발해는 대제국을 이룬 강성한 나라였지만 926년에 거란의 침략을 받아 한순간에 멸망하고 말았어요.

대 조 영

발해의 제1대 왕으로, 옛 고구려 땅에 발해를 세운 시조예요. 고구려 유민 대조영은 가족과 함께 강제로 당의 영주에 끌려와 살고 있었어요. 그러다 거란족 우두머리의 반란을 틈타 당에서 탈출해 동모산에 발해를 세웠지요. 무예와 지략이 뛰어났던 대조영은 나라를 세운 후 당과 사이가 좋지 않았던 돌궐, 신라와 국교를 맺어 당의 공격에 대비했어요.

대조영이 이웃 나라들과 외교 관계를 맺자 주변의 고구려 유민과 말갈 사람들이 발해로 모여들었어요. 대조영은 20여 년 동안 주변 지역을 정복해 나갔고, 죽은 뒤에는 '고왕'이라는 시호를 얻었어요.

동 모 산

동모산은 대조영이 건국한 발해의 첫 도읍이자 문왕이 상경으로 도읍을 옮길 때까지 56년간 발해의 도읍이었어요. 학자들은 이곳이 중국 지린성 둔화시에 있는 성산자산성이라고 짐작하고 있어요.

'성산자'란 산 위에 성터가 있는 곳을 뜻해요. 이곳에는 산을 중심으로 아래쪽에 넓은 평지가 펼쳐져 있지요. 산봉우리와 산허리를 감싼 성벽에서 이곳이 동모산이었다는 것을 알 수 있어요. 성의 안쪽에는 집터와 연못, 저수지도 남아 있어요.

동모산 전경

1 고구려가 멸망한 뒤 일어난 일을 알맞게 말한 친구에게 ○표 하세요.

(1) 당에서 관청을 세워 직접 고구려를 다스렸어. (   )

(2) 고구려 백성들은 나라를 다시 일으키려고 당과 끊임없이 싸웠어. (   )

(3) 당의 관리들은 고구려 사람들을 존중하는 마음을 가지고 친절하게 대해 줬어. (   )

2 이 글에서 일이 일어난 차례에 맞게 ㉮~㉲의 기호를 쓰세요.

㉮ 대조영은 천문령 전투에서 당 군대를 크게 무찔렀다.

㉯ 대조영과 가족들은 당의 영주에 강제로 끌려와 살았다.

㉰ 대조영은 동모산에 도착해 나라를 세우고 '발해'라고 불렀다.

㉱ 당 군대와 대조영 일행이 벌인 전투에서 걸사비우가 전사했다.

㉲ 대조영 일행은 영주에서 반란이 일어난 틈을 타서 당을 탈출했다.

(   ) ➡ (   ) ➡ (   ) ➡ (   ) ➡ (   )

3 다음 빈칸에 들어갈 알맞은 낱말을 쓰세요.

대조영이 동모산에 세운 발해는 □□□을/를 잇는 나라였다.

(   )

독해를 잡아라!

다음은 발해 문화의 특징에 대한 글이에요. 다음 글을 꼼꼼히 읽고 문제를 풀어 보세요.

글의 주제
발해 문화는 고구려 문화를 바탕으로 당의 문화를 받아들였고, 불교 문화가 발달했다.

문단별 중심 내용
(가) 발해 상경성에서 나온 문화유산에서 발해 문화의 특징을 알 수 있음.
(나) 발해는 고구려 문화를 이어받았음.
(다) 발해는 고구려 문화를 바탕으로 당 문화를 받아들였음.
(라) 발해는 통일 신라처럼 불교가 널리 유행했음.

발해 석등

(가) 발해는 도읍을 네 번이나 옮겼는데 상경성은 그중 가장 오랫동안 발해의 수도였어요. 이곳에서 발견된 궁궐터와 절터를 비롯해 여러 발해 문화유산들을 통해 발해 문화의 특징을 짐작할 수 있지요.

(나) 발해의 궁궐터에서 발견된 온돌 유적과 연꽃무늬 기와를 보면 발해가 고구려 문화를 이어받았다는 것을 알 수 있어요. 온돌은 아궁이에 불을 때서 그 열기로 방바닥을 데우는 우리나라 고유의 난방 장치예요. 고구려 때 온돌을 처음 만들었는데, 비슷한 모양의 온돌이 발해의 궁궐터에서 발견되었어요. 발해의 연꽃무늬 기와도 고구려의 연꽃무늬 기와와 쌍둥이처럼 닮아 있어요. 이로써 발해가 고구려 문화를 이어받았다는 것을 알 수 있지요.

(다) 발해는 고구려 문화를 기반으로 당의 문화도 받아들였어요. 발해 문왕의 넷째 딸 정효 공주의 무덤에는 고구려 양식과 당 양식이 섞여 있어요. 당식의 벽돌 무덤이지만, 천장은 돌로 공간을 줄여 나가는 고구려식을 따르고 있어요. 고구려처럼 무덤 벽화를 그렸지만 벽화 속 발해 사람들의 옷차림은 당 사람들과 아주 비슷하지요.

(라) 또 발해에서는 통일 신라처럼 불교가 널리 유행했어요. 무덤 위에 불탑을 세우고, 전국에 많은 절을 세웠지요. 불상도 많이 만들었는데, 발해 불상은 흙을 구워 만든 것이 많았어요. 두 명의 부처가 나란히 앉아 있는 이불병좌상, 돌로 조각한 석불도 있었지요. 특히 옛 상경성 절터에 남아 있는 석등은 높이가 6미터나 돼요. 거대하고 웅장한 이 석등은 발해 사람들의 기상을 보여 준답니다.

당식 / 고구려식 / 묘비
정효 공주의 무덤

1 다음 빈칸에 공통으로 들어갈 낱말은 무엇인지 쓰세요.

□□은/는 아궁에 불을 때서 그 열기로 방바닥을 데우는 우리나라 고유의 난방 장치이다.

발해의 □□ 유적

(   )

2 다음 유물에서 알 수 있는 발해 문화의 특징에 ○표 하세요.

발해 연꽃무늬 기와   고구려 연꽃무늬 기와

(1) 발해는 당 문화의 영향을 받았다.   (   )

(2) 발해는 고구려 문화를 이어받았다.   (   )

(3) 발해는 통일 신라의 문화와 닮아 있다.   (   )

3 다음 중 발해의 불교 문화로 알맞지 <u>않은</u> 것은 무엇입니까? (   )

① 무덤 위에 불탑을 세웠다.
② 발해의 절은 상경성에만 있었다.
③ 흙을 구워서 만든 불상이 많았다.
④ 통일 신라와 마찬가지로 불교가 유행했다.
⑤ 옛 상경성 절터에 거대한 석등이 남아 있다.

다음은 발해가 우리 역사인 증거에 대한 글이에요. 다음 글을 꼼꼼히 읽고 문제를 풀어 보세요.

실학자 조선 중·후기에 실학 사상을 주장한 사람.
별종 다른 종류.
망명했어요 정치적인 이유로 자기 나라에서 박해 위험을 피하기 위해 외국으로 몸을 옮겼어요.

유득공, 『발해고』

발해는 통일 신라와 함께 남북국을 이루었지만, 발해가 멸망하면서 발해의 역사는 잊혀졌어요. 그러다가 조선 후기 실학자였던 유득공이 발해의 역사를 다룬 『발해고』를 쓰면서 다시 우리 역사에 등장했지요. 유득공은 이 책에서 발해가 세워졌던 시대를 '남북국 시대'라고 불러야 한다고 주장했어요.

발해가 우리의 역사라는 점은 당시의 역사를 기록한 여러 책에서 확인할 수 있어요. 중국 역사책 『구당서』는 발해를 세운 대조영을 '고려 별종'이라고 기록하고 있어요. '고려'는 고구려를 뜻하는 말로 대조영이 고구려 사람이었다는 것을 알려 주지요. 대조영은 고구려 유민을 중심으로 발해를 세웠고, 발해를 다스리는 귀족이나 관리들은 모두 고구려 사람들이었어요. 발해를 세우고 다스린 사람들이 모두 고구려 유민이었다는 점은 발해가 우리 역사라는 증거예요.

발해는 일본과 교류하며 친하게 지냈기 때문에 일본과 여러 차례 외교 문서를 주고받았어요. 일본 역사책인 『속일본기』에는 발해가 '고구려의 옛 땅에 세운 나라'인 것과 발해 국왕이 자신을 '고(구)려 국왕'이라고 부른 사실이 기록되어 있어요.

발해가 멸망한 후에는 많은 발해 사람들이 고려 땅으로 망명했어요. 고려가 나라를 세울 때 발해처럼 고구려를 잇는 나라라고 했기 때문이에요. 고구려를 잇는 발해의 역사가 고려로 이어졌다는 사실은 발해가 우리 역사라는 사실을 알려 주고 있어요.

또, 고구려 문화를 기반으로 독자적인 문화를 이루어 낸 발해의 문화도 발해가 우리의 역사임을 일깨워 주고 있답니다.

문제 발견

1 잊혀졌던 발해가 우리 역사에 등장하게 된 계기를 쓰세요.

• 발해는
_____

_____

문제 탐색

2 이 글을 참고하여 발해가 우리 역사라는 가장 큰 증거를 골라 그 까닭과 함께 쓰세요.

• 나는 _____ 이/가 가장 큰 증거라고 생각한다.

왜냐하면, _____

_____ 때문이다.

문제 해결

3 2의 내용을 바탕으로 발해가 우리 역사임을 알리는 편지를 쓰세요.

채은아, 안녕? 나 성윤이야.

지난번에 너랑 역사 덕후 모임에서 만나게 되어 반가웠어. 그런데 너도 발해가 우리나라 역사인 까닭이 궁금하다고 했지? 그래서 내가 그 까닭을 알려 주려고 해. 발해가 우리 역사인 까닭은
_____

_____

_____

_____

어때? 이 정도면 발해가 우리 역사라는 것이 증명되겠지? 조만간 우리 다시 만나서 얘기해 보자. 그럼 잘 있어. 다시 연락하자. ^^*

선사 시대   고조선 시대   삼국 시대   남북국 시대   **고려 시대**   조선 전기   조선 후기   개항기   일제 강점기   대한민국

학습내용		
	한국사	고려를 세운 왕건이 오씨 처녀와 결혼한 이야기를 읽고 고려 건국 전의 상황을 생각해 봐요.
	독해	고려의 후삼국 통일 과정을 차례대로 정리해 봐요.
	논술	태조가 펼친 혼인 정책의 장단점을 파악해서 평가하는 글을 써 봐요.

8주

버들잎을 띄운 여인과 결혼한 왕건

고려 건국과 후삼국 통일

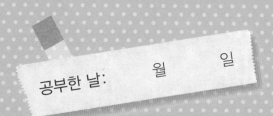

공부한 날:　　　월　　　일

버들잎을 띄운 여인과 결혼한 왕건

왕건이 고려를 세우기 전의 일이에요. 당시 신라 땅에는 후백제와
후고구려까지 들어서서 후삼국을 이루고 있었어요. 송악의 호족이었던
왕건은 궁예 밑에서 후고구려의 장군으로 활약하고 있었지요. 왕건은
후백제의 견훤이 다스리는 나주를 눈여겨보고 있었어요.

"땅도 기름진데 소금과 물고기도 풍부하다니……. 정말 탐나는구나."

할아버지 때부터 해상 무역을 했던 왕건은 안목이 뛰어났어요. 나주를
차지하기로 마음먹은 왕건은 자주 나주 땅에 머물렀지요.

그러던 어느 날, 왕건의 눈에 이상한 풍경이 들어왔어요. 자세히 보니
금성산 자락에 다섯 가지 색의 구름이 서려 있었어요.

왕건이 말을 달려 오색 구름이 있는 산 아래쪽으로 가 보았어요.
그곳에서는 아리따운 한 처녀가 샘에서 빨래를 하고 있었어요. 왕건은 왠지
모르게 가슴이 두근거렸지만 용기를 냈어요.

"허험, 나는 태봉국의 왕건이라는 사람이오. 목이 마른데 물 한 그릇만
청해도 되겠소?"

"네, 잠시만 기다리시지요."

처녀는 침착하게 바가지에 물을 한가득
담았어요. 그러고는 샘 옆에 있던 버드나무 가지를 움켜잡고
버들잎을 따서 바가지에 넣더니 왕건에게 수줍게 건넸어요.

"자, 여기 물입니다."

"아니, 이보시오. 물을 달라고 했더니 먹지도 못하는 버들잎을 띄워
준단 말이오?"

왕건이 묻자 처녀는 다소곳이 말하였어요.

"나으리, 아무리 갈증이 나셔도 물을 급히 잡수시면 체하십니다. 불어
가며 천천히 잡수시라고 버들잎을 띄운 것이옵니다."

왕건은 처녀의 총명함에 감탄했어요. 얼마 뒤 왕건은 이 처녀를 아내로
맞이했는데, 이 분이 훗날 장화 왕후가 된 오씨 처녀였어요.

장화 왕후와 결혼한 뒤, 왕건은 후백제와 싸움을 벌여 나주 일대의
고을을 모두 점령했어요. 장화 왕후의 친정인 나주 호족들도 힘을
보탰지요. 그로부터 20여 년 후, 왕건은 포악한 정치를 펼치던
궁예를 몰아내고 고려를 세웠어요.

한국사 퀴즈

고려를 세운 □□은/는
한 샘에서 오씨 처녀를
만나 아내로 삼았어요.

버들잎을
넣어 드렸으니
천천히
드세요.

이야기 속에 나왔던 용어를 따라 쓰면서 설명을 읽어 보세요. 그리고 오른쪽 문제도 함께 풀어 보세요.

고 려

태조 왕건이 918년에 태봉국 왕이었던 궁예를 몰아내고 세운 나라예요. 후삼국을 이루던 세 나라 중 고려의 힘이 점점 강해지자 신라가 항복했어요. 936년에는 고려가 마지막 남은 후백제를 무너뜨리며 후삼국을 통일했지요.

고려는 500여 년간 한반도를 지배하면서 고려청자와 팔만대장경 등 많은 문화유산을 남겼어요. 중국, 일본은 물론 아라비아와 페르시아와도 무역을 하며 해외에 '고려'라는 이름을 널리 알리기도 했지요. 후기에는 30여 년에 걸친 몽골과의 전쟁에서 패해 몽골의 간섭을 받으며 나라의 힘이 약해졌어요. 공민왕은 몽골의 간섭을 물리치고 고려를 개혁하려고 했지만 개혁마저 실패했어요. 약해질 대로 약해진 고려는 1392년에 이성계가 조선을 세우면서 멸망했어요.

청자 상감
구름 학 무늬 매병

후 삼 국 시대

신라 말기 한반도에 신라, 후백제, 후고구려의 세 나라가 있었던 시대를 말해요. 통일 신라 말기에 혼란스러운 틈을 타 지방 호족들이 나라를 세웠어요. 견훤은 경상도 상주 출신으로, 서남 해안을 지키는 군인이었어요. 견훤은 세력을 모아 완산주에 도읍을 정하고 후백제를 세웠어요.

왕족이었던 궁예는 양길의 부하였다가 점차 힘을 키워 경기도와 강원도 일대에 큰 세력을 이루었어요. 궁예는 왕건 부자와 중부 지방 호족들의 도움으로 송악에 후고구려를 세웠지요. 신라 땅에 후백제와 후고구려가 세워지면서 우리나라가 다시 세 나라로 나뉘었어요.

왕 건

918년에 고려를 처음 세운 왕으로, '태조'라고 불려요. 궁예의 신하였던 왕건은 포악한 정치를 일삼던 궁예를 내쫓고 고려를 세웠지요. 그 뒤 후삼국을 통일하고 나라의 기틀을 잡았어요.

왕건은 세금을 낮추고 학교를 세우며 억울하게 노비가 된 사람들을 풀어 주는 등 백성을 위한 여러 정책을 폈어요. 연등회, 팔관회 같은 행사를 열어 세 나라의 백성들을 하나로 모았지요. 후대 왕에게는 「훈요 10조」라는 가르침도 남겼어요.

태조 왕건

1 이 글의 인물, 사건, 배경을 알맞게 말한 것을 <u>모두</u> 골라 기호를 쓰세요.

> ㉮ 등장하는 인물은 왕건과 오씨 처녀이다.
> ㉯ 시간적 배경은 왕건이 고려를 세운 뒤의 일이다.
> ㉰ 왕건이 오씨 처녀에게 물을 청해 마신 일이 중심 사건이다.

(   )

2 다음에 나타난 오씨 처녀의 성격은 어떠합니까? (   )

> "나으리, 아무리 갈증이 나셔도 물을 급히 잡수시면 체하십니다. 불어 가
> 며 천천히 잡수시라고 버들잎을 띄운 것이옵니다."

① 너그럽다.　　　　　② 지혜롭다.　　　　　③ 이기적이다.
④ 장난스럽다.　　　　⑤ 호기심이 많다.

3 이 글에서 얻을 수 있는 교훈을 알맞게 말한 친구에게 ○표 하세요.

(1) 어려움에 처한 사람은 반드시 도와주어야 해. (   )

(2) 은혜를 입고서도 모른 척하는 사람은 언제든 벌을 받게 돼.
(   )

(3) 마음에서 우러나는 친절을 베풀면 사람의 마음을 움직일
수 있어. (   )

다음은 고려의 후삼국 통일 과정에 대한 글이에요. 다음 글을 꼼꼼히 읽고 문제를 풀어 보세요.

글의 주제
후백제와 치열한 경쟁을 벌이던 고려는 신라의 항복을 받고 후백제를 무너뜨리며 후삼국을 통일했다.

문단별 중심 내용
(가) 후백제가 신라를 기습 공격하자, 신라를 구하러 간 왕건이 공산에서 후백제와 싸워 패했음.
(나) 3년 후 고창 전투에서 왕건이 후백제를 크게 이겼음.
(다) 왕위 다툼이 일어난 후백제의 견훤이 고려에 항복했음.
(라) 신라의 경순왕도 고려에 항복했음.
(마) 고려가 후백제를 무너뜨리며 후삼국을 통일했음.

(가) 왕건이 고려를 세운 뒤 후백제와 고려는 한반도의 주도권을 잡으려고 서로 치열하게 경쟁을 벌였어요. 후백제가 신라를 기습 공격하자 고려의 왕건은 신라를 구하러 달려갔어요. 소규모 군대만 이끌고 공산까지 견훤을 쫓아간 왕건은 이 전투에서 크게 패했지요.

(나) 공산 전투에서 패한 왕건은 지방 호족들을 자기 편으로 끌어들여 후백제를 몰아내려고 했어요. 호족들에게 높은 벼슬과 재물을 주고 호족의 딸들과 혼인했어요. 그로부터 3년 후 고창에서 다시 후백제와 고려의 전투가 벌어졌어요. 고창 지역의 호족들은 왕건의 편을 들었지요. 힘을 얻은 고려는 후백제에 큰 승리를 거두었어요.

(다) 고창 전투 이후 고려는 더욱 성장했어요. 반면 후백제에서는 왕위 다툼이 일어나서 큰아들 신검에게 쫓겨난 견훤이 금산사에 갇혔어요. 화가 난 견훤은 탈출해 적이었던 고려에 가서 항복했지요. 왕건은 견훤에게 높은 벼슬과 많은 재물을 주어 대접했어요.

(라) 견훤이 항복하자 신라의 경순왕은 신라가 이미 기울었다고 생각했어요. 신하들과 태자까지 반대했지만 경순왕은 결국 고려에 항복했어요. 왕건은 경순왕에게도 많은 재물과 벼슬을 주어 고려 땅에 살게 했지요.

(마) 이제 왕건에게 남은 상대는 후백제의 신검뿐이었어요. 왕건은 견훤을 앞세워 후백제와 마지막 싸움을 벌이고 신검을 무너뜨렸어요. 신라에 이어 후백제까지 무너지면서 고려가 후삼국을 통일했어요. 이로써 우리 민족의 두 번째 통일이 이루어졌답니다.

후삼국 통일

통일이 살길이야!

맞아! 맞아!

1 공산 전투와 고창 전투에 알맞은 설명을 선으로 이으세요.

(1) 공산 전투 •

(2) 고창 전투 •

• ㉮ 후백제와 고려가 두 번째로 맞붙은 전투임. 호족들의 도움으로 고려가 크게 승리했음.

• ㉯ 후백제가 신라를 기습 공격한 뒤 왕건이 견훤을 쫓아가 벌인 전투임. 고려가 크게 패했음.

2 왕건이 호족들을 자기 편으로 만든 방법을 알맞게 말한 친구에게 ○표 하세요.

(1) 호족에게 나라를 세우게 했어. (   )

(2) 호족의 딸들과 혼인하여 가족이 되었어. (   )

(3) 호족들이 고려를 도와준 공의 크기에 따라 땅을 나누어 주었어. (   )

3 고려가 후삼국을 통일한 차례대로 ㉮~㉺의 기호를 쓰세요.

㉮ 왕건이 고려를 세웠다.
㉯ 고려가 후삼국을 통일했다.
㉰ 신라 경순왕이 고려에 항복했다.
㉱ 후백제의 신검이 고려군에 패했다.
㉲ 고려가 고창 전투에서 후백제를 이겼다.

(   ) ➡ (   ) ➡ (   ) ➡ (   ) ➡ (   )

다음은 태조가 펼친 혼인 정책에 대한 글이에요. 다음 글을 꼼꼼히 읽고 문제를 풀어 보세요.

호족 신라 말과 고려 초기에, 지방에서 성장해 고려를 건국하는 데 이바지한 정치 세력.
지지자 어떤 사람이나 단체의 의견에 뜻을 같이하여 힘쓰는 사람.
번성했어요 한창 성하게 일어나 퍼졌어요.

태조가 후삼국을 통일하고 난 고려 초기에는 왕보다 호족의 힘이 더 강했어요. 그래서 태조는 강력한 호족들의 힘을 하나로 모으기 위해 혼인 정책을 썼어요.

태조는 지방에서 큰 세력을 떨치고 있던 호족의 딸들과 혼인해 왕실을 안정시키려고 했어요. 태조는 힘이 센 호족들이 자신의 가족이 된다면 왕권이 튼튼해질 것이라고 생각했어요. 호족들이 고려의 가장 큰 지지자가 된다면 왕을 배신하고 반란을 일으키는 일도 없을 것이라고 생각했지요. 호족들도 자신의 딸이 왕비가 된다면 손자가 왕이 될 수 있기 때문에 왕실과의 혼인을 환영했어요. 그래서 태조는 무려 29명이나 부인을 두었다고 해요.

또, 태조는 고려에 공을 세운 호족들에게는 자신의 성인 '왕(王)씨' 성을 내려 주었어요. 이를 '사성 정책'이라고 해요. 통일 신라 시대에는 왕족인 진골만 성을 가지고 있었어요. 태조는 자신에게 충성하는 호족들에게 성을 내려 왕족으로 대접한 거예요.

이렇게 왕씨 성을 가진 사람들이 늘면서 고려 왕실은 안정을 찾고 번성했어요. 그러나 태조가 죽은 다음 호족들 사이에서는 치열한 왕위 다툼이 일어났어요. 제2대 왕이었던 혜종은 하룻밤도 편히 잠들 수 없을 정도로 매일매일 죽음의 위협에 시달렸대요.

문제 발견

1 태조가 펼친 혼인 정책의 장점과 단점은 무엇인지 쓰세요.

(1) 장점	
(2) 단점	

문제 탐색

2 태조의 다음 정책은 어떤 효과가 있었을지 쓰세요.

사심관 제도	기인 제도
현지 사정에 밝은 호족을 '사심관'이라는 관리로 임명해 개경에 살면서 출신 지역을 다스리게 했다.	지방 호족인 향리의 자제를 뽑아 수도인 개경에 볼모로 머물게 한 제도였다.

문제 해결

3 태조의 혼인 정책에 대해 어떻게 생각하는지 그 까닭과 함께 쓰세요.

• 나는 태조의 혼인 정책이 (1) (옳았다고 / 옳지 않았다고) 생각한다. 왜냐하면, (2)

때문이다.

학습 내용	한국사	고려를 침입한 거란을 뛰어난 말솜씨로 돌려보낸 서희의 이야기를 읽고 고려의 대외 관계를 짐작해 봐요.
	독해	고려의 불교 문화를 알아보고 불교가 발달했던 까닭을 짐작해 봐요.
	논술	고려의 뛰어난 문화유산들을 살펴보고 이를 알리는 광고 글을 써 봐요.

9주

거란을 물리친 서희의 외교 담판

고려의 발전과 대외 관계

공부한 날: 월   일

거란을 물리친 서희의 외교 담판

　고려는 태조 때부터 거란을 오랑캐라고 여겨 멀리했어요. 거란이 보낸 사신을 귀양 보내고 선물인 낙타를 만부교에 묶어 두고 굶어 죽게 했지요. 성종 때도 송과 교류했으나 거란과는 외교를 끊었어요.

　이에 불만을 품은 거란은 80만 대군을 앞세워 고려로 쳐들어왔어요. 거란 장수인 소손녕은 고려에 편지를 보내 하루빨리 항복하고 고구려의 옛 땅을 내놓으라고 했지요. 거란의 침입에 놀란 고려 조정은 서경 이북의 땅을 내주고 항복하려고 했어요. 그때 서희가 이 의견에 반대하고 나섰어요.

　"적의 숫자가 많다고 해서 항복부터 하는 것은 좋은 계책이 아닙니다. 적의 약점을 알면 싸우지 않고도 적을 물러나게 할 수 있습니다."

　거란의 목적이 다른 데 있다는 것을 파악한 서희는 직접 소손녕을 만나러 거란 진영으로 갔어요.

　"고려 사신은 뜰에서 절을 올리시오."

　거란 장수 소손녕은 거만하게 서희를 맞았어요.

말재주가 너무 좋으셔~

고려는 여진만 없다면 거란과 교류했을 거요.

"뜰에서 절하는 것은 신하가 임금께 하는 것이오. 두 나라의 신하가 만나는 자리인데 절을 할 이유가 없소."

서희의 당당한 태도에 감탄한 소손녕은 그제야 동등한 자격으로 다시 만나자고 했어요.

"신라의 옛 땅에서 일어난 고려가 고구려의 옛 땅을 침범한 까닭은 무엇이오? 또 우리 거란 대신 송을 섬기는 까닭은 무엇이오?"

소손녕이 먼저 말하자 서희가 막힘없이 대답했어요.

"고려는 고구려를 잇는 나라로, 고구려의 옛 도읍이었던 평양에 도읍을 정했소. 거란의 요양이야말로 본래 고구려 땅이니 오히려 그 땅을 고려에 돌려주어야 할 것이오. 또, 고려가 거란과 왕래하지 못한 것은 고려와 거란 사이에 여진이 있기 때문이오. 만일 여진을 쫓아내고 길을 만든다면 어찌 거란과 교류하지 않겠소?"

서희는 거란의 고려 침략이 고려와 송의 관계를 끊게 하려는 전략임을 간파하고 있었어요. 소손녕은 회담 내용을 거란 왕에게 자세히 보고했어요. 고려와의 화의를 승낙받은 소손녕은 군사를 이끌고 거란으로 돌아갔어요. 이듬해 고려는 여진을 몰아낸 자리에 여섯 개의 성을 쌓아 강동 6주를 고려의 땅으로 만들었어요.

한국사 퀴즈

□□은/는 고려를 침입한 거란의 소손녕과 담판을 벌여 강동 6주를 얻어 내고 거란을 물러가게 했어요.

이야기 속에 나왔던 용어를 따라 쓰면서 설명을 읽어 보세요. 그리고 오른쪽 문제도 함께 풀어 보세요.

거 란 침 입

거란은 총 세 차례에 걸쳐 고려에 침입해 전쟁을 벌였어요. 1차 침입 때는 서희가 담판을 벌여 강동 6주를 차지하고 거란을 돌려보냈어요. 거란은 현종 때 강동 6주를 되찾으려고 다시 쳐들어왔어요(거란의 2차 침입). 현종이 나주로 피난을 가고 개경은 거란군에게 짓밟혔지요. 거란군은 현종이 직접 조공하는 조건으로 돌아갔어요. 그러나 전쟁이 끝난 후 현종이 약속을 지키지 않자, 거란이 또다시 쳐들어왔어요(거란의 3차 침입). 고려의 강감찬 장군은 미리 수도인 개경의 수비를 튼튼히 해서 거란군을 막았어요. 또, 귀주에서 되돌아가는 거란군과 전투를 벌여 크게 이겼어요. 이 전투가 유명한 '귀주 대첩'이에요.

고려 현종 때 거란의 침입을 극복하려고 만든 『대방광불화엄경』

서 희

서희

고려 초기의 문신이자 뛰어난 외교가였어요. 태조 때 송에 사신으로 가서 10여 년간 끊어졌던 외교 관계를 되살렸어요.

993년, 거란의 1차 침입 때는 땅을 내주고 화해하자는 고려 조정의 신하들에 맞섰어요. 국제 정세에 밝았던 서희는 고려에 겁을 주어 송과의 외교를 끊게 하려는 거란의 속셈을 단번에 알아차렸지요. 서희는 거란의 소손녕과 담판을 벌여 뛰어난 말솜씨로 강동 6주를 얻어 내고 거란을 돌려보냈어요.

강 동 6 주

'강동 6주'는 '압록강 동쪽에 있는 6개의 주'라는 뜻이에요. 서희와 소손녕의 회담 결과에 따라 고려는 흥화진·용주·통주·철주·귀주·곽주에 6개의 성을 쌓아서 6주로 삼았어요. 이곳은 오늘날 압록강과 청천강 사이에 있는 넓은 지역으로, 전략적 요충지였어요. 이 지역을 얻은 고려는 대륙 세력의 침입을 막고 생활권을 더 넓히게 되었어요.

거란이 얼마 지나지 않아 다시 침입했을 때 이 6주 지역은 거란을 물리치는 전초 기지 역할을 톡톡히 했어요. 특히 3차 침입 때는 6주 중 하나인 귀주에서 벌어진 귀주 대첩에서 큰 승리를 거두었어요.

1 다음은 거란이 고려에 침입한 까닭입니다. 빈칸에 알맞은 낱말을 쓰세요.

> 고려가 태조 때부터 (1) (   )와/과 외교 관계를 맺고 친하게 지내며 (2) (   )을/를 멀리했기 때문이다.

2 소손녕이 서희에게 절을 올리라고 한 까닭은 무엇입니까? (   )

① 거란의 왕이 명령한 일이라서
② 협상할 때 유리한 위치를 차지하려고
③ 두 나라의 신하가 만나는 예의이므로
④ 고려에서 거란의 사신을 귀양 보내서
⑤ 고려가 송과 외교 관계를 맺기를 바라서

3 거란과의 외교 담판 뒤에 서희가 얻은 것에는 '서', 소손녕이 얻은 것에는 '소' 라고 쓰세요.

(1) 서경 이북의 땅을 내주지 않고 화친을 했다. [   ]

(2) 고려와 전쟁을 치르지 않고도 화친을 맺었다. [   ]

(3) 강동 6주를 개척함으로써 많은 영토를 얻게 되었다. [   ]

(4) 여진족을 몰아내서 후방의 안전을 얻을 수 있게 되었다. [   ]

다음은 고려의 불교에 대한 글이에요. 다음 글을 꼼꼼히 읽고 문제를 풀어 보세요.

글의 주제

불교를 숭상했던 고려는 불교 행사를 크게 치렀고, 커다란 절과 불상, 탑을 만들어 백성들의 마음을 하나로 모았다.

문단별 중심 내용

㈎ 불교를 숭상하는 고려에서는 왕자나 귀족도 승려가 되었음.

㈏ 불교 행사도 크게 치렀는데, 연등회는 연등을 부처에게 바치는 행사였음.

㈐ 팔관회는 토속신에게 제사를 지내는 고려만의 독특한 행사였음.

㈑ 불교는 고려 사람들이 가장 많이 믿는 종교였음.

㈒ 고려 왕실은 불교로 백성들의 마음을 하나로 모으려고 큰 절과 불상, 탑을 많이 만들었음.

㈎ 고려는 불교를 숭상하는 나라였어요. 고려에서는 왕자가 출가하여 승려가 되기도 했고 귀족의 자식들 중에도 승려가 되는 사람이 많았어요. 대각 국사 의천도 고려 제11대 임금인 문종의 넷째 아들이었지만 출가해서 승려가 되었어요. 승려가 존경받던 고려에서는 승려 시험인 '승과'를 두기도 했어요.

㈏ 고려는 불교가 발달했던 만큼 불교 행사도 크게 치렀어요. 큰 행사로는 연등회와 팔관회가 있었어요. 연등회는 지금도 열리는 불교 행사로, 연꽃 모양의 등을 부처에게 바치는 행사예요. 연등회 때는 왕실의 조상에게 제사를 지내고 왕과 신하가 함께 축제를 즐겼어요.

㈐ 팔관회는 불교 행사였지만 토속신에게 함께 제사를 지내는 고려만의 독특한 행사였어요. 하늘, 큰 강, 큰 산, 바다의 용 등에 제사를 지냈지요. 팔관회에는 외국 사신들도 많이 참가해 고려의 높은 문화 수준과 국력을 보여 주었답니다.

㈑ 불교는 고려 사람들이 가장 많이 믿는 종교였어요. 백성들이 일상생활을 절과 함께하며 살다 보니 절에는 자연히 사람들이 많이 모였어요. 절에서 장터처럼 물건을 사고파는 거래도 이루어졌고, 여행객들이 묵어갈 수 있는 숙박 시설까지 있었어요.

㈒ 고려 왕실은 불교로 백성들의 마음을 하나로 모으기 위해 커다란 절을 세우고 불상과 탑을 많이 만들었어요. 고려의 불상은 크기가 거대한 것으로 유명한데 고려 왕실의 위엄을 세우려는 뜻에서 만들었을 것이라고 짐작하고 있어요.

1 다음 인물에 대한 설명으로 알맞은 것은 무엇입니까? (   )

대각 국사 의천

① 고려 제11대 임금이었다.

② 왕자였지만 승려가 되었다.

③ 귀족 신분으로 승려가 되었다.

④ 승과 시험에서 높은 성적을 얻었다.

⑤ 고려에 처음으로 불교를 전파한 사람이었다.

2 다음 행사에 알맞은 내용을 선으로 이으세요.

(1) 팔관회 •

(2) 연등회 •

• ㉮ 연꽃 모양의 등을 부처에게 바치는 행사.

• ㉯ 하늘, 큰 강, 큰 산, 바다 용 등 토속신에게 제사 지내는 행사.

3 고려 시대의 불교에 대해 알맞게 말한 친구에게 ○표 하세요.

(1) 고려 사람들이 가장 많이 믿는 종교는 아니었어. (   )

(2) 절에서는 부처님에게 소원을 빌거나 제사를 지내는 일만 했어. (   )

(3) 고려 왕실은 백성의 마음을 하나로 모으려고 큰 절을 세우고 불상과 탑을 많이 만들었어. (   )

논술을 잡아라!

다음은 고려의 뛰어난 문화유산에 대한 글이에요. 다음 글을 꼼꼼히 읽고 문제를 풀어 보세요.

비색 고려청자에 쓰이는 색으로 푸른색, 초록색, 회색 등과 구분되는 독특한 색.
정교한 솜씨나 기술 따위가 정밀하고 교묘한.
영롱한 광채가 찬란한.
등재되었어요 일정한 사항이 장부나 대장에 올려졌어요.

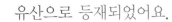

나전 칠 합

고려는 거란을 비롯한 외적의 침입에 시달리면서도 화려한 문화를 꽃피웠어요. 그중 고려의 대표적인 예술품은 고려청자예요. 청자는 중국에서 들어왔지만 고려 시대에 이미 중국의 것을 뛰어넘었어요. 비색이라고 하는 신비로운 푸른빛으로 우수함을 인정받았지요.

고려 사람들은 '상감'이라는 도예 기법으로 뛰어난 예술품을 만들어 냈어요. 상감은 그릇 표면에 무늬를 새기고 거기에 흰색이나 붉은색의 흙을 메운 뒤 유약을 발라 굽는 기법이에요. 청자의 기법만 봐도 고려의 도예 기술이 얼마나 뛰어났는지 알 수 있지요.

나전 칠기도 이웃 나라에서 부러워하던 문화유산이었어요. 물건의 표면에 조개나 전복의 껍데기를 작게 오려 낸 것을 붙여 국화나 버드나무 같은 무늬를 만들었지요. 무늬가 서로 조화를 이루어 고려 사람들의 정교한 기술과 영롱한 아름다움을 보여 주지요.

고려에서는 목판과 금속 활자를 활용한 인쇄술도 발달했어요. 고려 사람들은 부처님의 힘으로 외적의 침입을 물리치기 위해 목판으로 초조대장경과 팔만대장경을 만들었어요. 목판은 한번에 많은 책을 인쇄할 수 있었지만 한 글자라도 틀리면 처음부터 다시 새겨야 해서 불편했어요. 그래서 고려 후기에는 세계 최초로 금속 활자를 만들어 책을 찍어 냈어요. 금속 활자는 목판과 달리 한 글자씩 만든 활자를 조합해 책을 찍어 내는 방식이에요. 오늘날 전해지는 금속 활자 인쇄본 중 가장 오래된 책 『직지심체요절』은 세계 기록 유산으로 등재되었어요.

문제 발견

1 고려청자는 어떻게 만들어졌는지 도예 기법을 쓰세요.

청자 상감 모란당초문 표형 주자

고려청자는 _____

_____

_____

문제 탐색

2 고려를 대표하는 문화유산은 무엇인지 그 까닭과 함께 쓰세요.

• 나는 고려를 대표하는 문화유산은 (1) _____ (이)라고 생각한다. 왜

냐하면 (2) _____ 때문이다.

문제 해결

3 고려를 대표하는 문화유산의 그림을 그리고, 소개하는 글을 써서 광고를 완성
하세요.

고려 최고의 자랑거리!

학습 내용	한국사	화약을 만들기 위해 노력한 최무선의 이야기를 읽고 당시 고려의 상황을 생각해 봐요.
	독해	몽골의 고려 침입 과정과 삼별초의 항쟁을 파악해 봐요.
	논술	공민왕의 개혁 정책에 대해 알아보고 평가하는 글을 써 봐요.

10주

염초의 비밀을 알아낸 최무선

몽골과 외적의 침입

공부한 날: 월   일

염초의 비밀을 알아낸 최무선

우왕이 고려를 다스릴 무렵이었어요. 왜구들이 떼를 지어 고려 해안가에 자주 나타나 노략질을 일삼았어요.

"우리 고려도 원나라처럼 화약만 만들 수 있다면 왜구들을 단숨에 물리칠 텐데……."

최무선은 화약을 만들어 왜구를 제 손으로 물리치고 싶었지요. 최무선은 혼자 책을 보며 화약 만드는 방법을 연구했어요. 그러나 화약을 만드는 일은 쉽지 않았어요.

최무선은 화약을 잘 아는 사람을 찾아 벽란도로 갔어요. 벽란도는 고려 최고의 무역항으로 원을 비롯한 외국 사람들이 많이 드나들었어요.

"이보시오. 혹시 화약 만드는 법을 아시오?"

최무선은 벽란도에 배가 들어올 때마다 화약 만드는 법을 묻고 다녔어요. 백방으로 화약 제조법을 찾던 최무선은 원에서 온 이원이라는 사람을 만났어요. 이원은 고려와 원을 오가는 상인이면서 염초를 만드는 기술자였어요. 최무선은 이원을 집에 초대해 며칠간 극진히 대접했어요.

"고려에는 화약을 만들 줄 아는 사람이 없습니다. 이 선생께서 화약
만드는 비법을 알려 주셨으면 합니다."

"화약 제조 비법은 알려 드릴 수 없습니다. 원에서도 기밀이라 발설하면
제 목숨까지 위험합니다. 이런 제 처지를 헤아려 주십시오."

이원의 거부에도 최무선은 포기하지 않았어요. 끊임없이 이원을 찾아가서
간절하게 화약 제조 비법을 알려 달라고 부탁했어요.

"화약을 만들 때는 염초를 잘 써야 합니다. 우선 염초로 쓸 좋은 흙부터
찾아보시지요. 제가 드릴 수 있는 말씀은 이것뿐입니다."

최무선의 정성에 감동한 이원은 화약의 핵심 재료를 귀띔해 주었어요.

그날부터 최무선은 하인들에게 모양과 빛깔이 다른 온갖 종류의 흙을 퍼
오게 했어요. 그런 다음 가져온 흙을 일일이 맛보았지요. 어떤 흙은 쓰고,
어떤 흙은 신맛이 났어요. 또 어떤 흙은 짜고 어떤 흙은 매운맛이 났지요.
최무선은 이 흙들로 염초를 여러 개 만들어 보고 짠맛이 나는 흙이 염초로
가장 알맞다는 것을 알게 되었어요.

흙에서 염초를 뽑아낸 최무선은 연구 끝에 세 가지 재료를 배합해 화약을
만들어 냈어요. 얼마 뒤, 최무선은 진포 대첩에서 자신이 만든 화약 무기를
전투에 처음으로 사용해 승리를 거두었어요. 최무선이 만든 화약 무기로
왜구의 노략질은 점점 수그러들었답니다.

한국사 퀴즈

최무선은 □□ 무기를
만들어 왜구를 물리치는
데 큰 도움을 주었어요.

한국사를 잡아라!

이야기 속에 나왔던 용어를 따라 쓰면서 설명을 읽어 보세요. 그리고 오른쪽 문제도 함께 풀어 보세요.

왜 구 침 입

왜구는 일본 백성 중 일부가 떼를 지어 우리나라와 중국의 바닷가를 노략질하던 무리를 말해요. 왜구는 삼국 시대부터 우리나라를 침범했는데, 고려 말 왜구의 침입으로 인한 피해는 엄청났어요. 특히 고려 우왕 때에는 왜구가 14년 동안 378번이나 쳐들어왔어요. 왜구의 선박 수는 적게는 20척부터 많게는 400척까지 점점 규모가 커졌어요. 공민왕 후반에는 왜구가 내륙 지방까지 침입해 활동 범위가 넓어졌지요. 고려는 세금으로 걷은 곡식을 배로 운반했는데 왜구는 이 배를 공격하거나 세금 보관 창고를 약탈했어요. 곡식뿐 아니라 사람을 잡아가서 노예로 팔기도 했지요. 백성들은 농사를 짓지 못하고 고려 조정은 왜구에게 세금을 빼앗길 때가 많았어요.

왜구들의 약탈을 그린 그림(16세기)

최 무 선

우리나라 역사상 최초로 화약을 만들어 내고 이를 무기로 만들어 왜구를 물리친 과학자이자 무인이었어요.

청년 시절부터 기술에 밝고 병법을 말하기 좋아했던 최무선은 화약의 중요성을 알고 있었어요. 그래서 화약을 연구하고 화약 제조법을 완전히 익힌 다음 고려 조정에 화통도감을 설치하자고 건의했어요. 화통도감이 만들어지자 이곳에서 화약 무기를 연구해 대장군포, 육화석포를 비롯해 18가지의 무기를 개발했지요.

왜구가 진포에 쳐들어오자 부원수가 되어 직접 전투에 참여해 화약 무기로 왜구를 크게 무찔렀어요.

진 포 대 첩

1380년에 진포에서 고려가 왜구에 큰 승리를 거둔 해전이며, 최초로 화포를 사용한 해전이에요.

왜구가 500척의 배를 끌고 금강 하류 지역인 진포로 쳐들어왔어요. 고려 조정은 100척을 급히 내려보냈는데, 최무선도 심덕부, 나세를 도와서 부원수로 전투에 참여했지요. 고려군은 화포로 왜구의 배를 모두 격파해 값진 승리를 거두었어요. 진포 대첩 이후 왜구의 기세도 한 풀 꺾었어요.

진포 대첩지비

1 다음 중 시대적 배경을 알려 주는 낱말이 <u>아닌</u> 것은 무엇입니까? (   )

① 고려   ② 우왕   ③ 왜구
④ 화약   ⑤ 원나라

2 이 글에서 일이 일어난 차례에 맞게 ㉮~㉲의 기호를 쓰세요.

㉮ 염초의 재료인 흙을 연구하여 화약을 만들어 냈다.

㉯ 최무선이 화약을 잘 아는 사람을 찾아 벽란도로 갔다.

㉰ 최무선은 진포 대첩에서 화약 무기로 왜구를 크게 이겼다.

㉱ 최무선이 화약을 만들어 왜구를 물리치려고 혼자 책을 보며 연구했다.

㉲ 최무선은 염초 기술자인 이원을 만나 염초의 핵심 재료를 알게 되었다.

(   ) ➡ (   ) ➡ (   ) ➡ (   ) ➡ (   )

2 최무선의 삶에서 얻을 수 있는 교훈을 알맞게 말한 친구에게 ○표 하세요.

(1) 무슨 일이든 꾸준히 노력하면 성공할 수 있어. (   )

(2) 은혜를 입었으면 반드시 입은 은혜를 갚아야 해. (   )

(3) 성공했다고 해서 자만하면 일을 그르칠 수 있어. (   )

다음은 고려와 몽골의 전쟁에 대한 글이에요. 다음 글을 꼼꼼히 읽고 문제를 풀어 보세요.

글의 주제
몽골이 고려를 침략해 엄청난 피해를 입혔고 고려가 몽골에 항복하며 전쟁이 끝났다.

문단별 중심 내용
(가) 몽골이 사신의 죽음을 핑계로 고려를 침략함.
(나) 몽골이 무리한 요구를 하자 고려는 수도를 강화도로 옮겨 저항하기로 함.
(다) 몽골군이 다시 쳐들어와 고려는 큰 피해를 입었음.
(라) 최씨 정권이 몰락하면서 고려 조정은 몽골에 항복함.
(마) 삼별초는 끝까지 몽골과 싸웠으나 결국 진압되었음.

삼별초의 마지막 보루였던 제주도에 세워진 순의비

(가) 고려는 무신 정변이 일어나 최씨 정권이 나라를 다스렸어요. 중국 북쪽에서는 몽골의 칭기즈 칸이 여러 부족을 통일해 큰 나라를 세웠지요. 고려는 몽골과 외교 관계를 맺었는데, 몽골 사신이 살해당하는 일이 생겼어요. 몽골은 이 사건을 핑계로 고려를 침략했어요.

(나) 몽골군은 고려군을 격파하고 개경까지 위협했어요. 몽골군은 고려와 강화를 맺고 나서야 자기 나라로 돌아갔어요. 그런데 몽골이 엄청난 양의 공물과 인질을 요구하자 당시 무신 집권자였던 최우는 수도를 강화도로 옮겨 몽골과 맞서기로 마음먹었어요.

(다) 그러자 몽골군이 다시 고려로 쳐들어왔어요. 몽골군은 닥치는 대로 사람을 죽이고, 약탈하고, 불을 질렀어요. 초조대장경과 황룡사 9층 목탑 등 수많은 문화재도 불타 사라졌지요. 최씨 정권은 몽골군이 돌아가기를 바라면서 백성들의 마음을 모아 팔만대장경을 만들었어요. 그러나 전쟁은 오랫동안 계속되었고 백성들은 농사를 짓지 못해 굶어 죽거나 몽골에 포로로 끌려갔어요.

(라) 그러던 중 최씨 정권이 몰락하면서 고려 조정은 몽골에 항복하기로 결정했어요. 강화도에서 다시 개경으로 수도를 옮기고 고려 태자가 직접 몽골 칸에게 가서 항복의 뜻을 전했지요.

(마) 그러나 배중손이 이끄는 삼별초는 고려의 항복에 반대해 강화도에 남았어요. 왕족 중에서 새로운 왕까지 세워 끝까지 몽골과 싸웠지요. 삼별초는 강화도에서 진도와 제주도로 근거지를 옮겨 가며 항전했지만 결국 진압되고 말았어요.

으음~

고려가 항복을 하도록 하겠습니다.

1 몽골의 침입에 대한 설명으로 알맞으면 ○표, 알맞지 <u>않으면</u> ✕표 하세요.

(1) 몽골은 사신의 죽음을 핑계로 고려에 쳐들어왔다. ☐

(2) 최우는 몽골과 맞서기 위해 수도를 제주도로 옮겼다. ☐

(3) 최씨 정권이 몰락하면서 고려 조정은 몽골에 항복하기로 결정했다. ☐

(4) 최씨 정권은 몽골이 물러나기를 바라면서 황룡사 9층 목탑을 만들었다. ☐

2 다음을 덧붙일 수 있는 문단을 ㈎~㈑에서 골라 기호를 쓰세요.

팔만대장경은 고려 고종 23년인 1236년부터 16년 동안 125만 명의 고려 사람들을 동원하여 한 자 한 자 부처의 힘으로 나라를 지키려는 호국 의지를 담아 새겨 낸 것이에요.

글 (   )

3 다음에서 설명하는 것을 이 글에서 찾아 쓰세요.

• 배중손이 이끄는 고려군 부대였다.
• 고려가 몽골에 항복하자 강화도에서 진도, 제주도로 근거지를 옮겨 가며 항전했다.

(   )

고려의 신진 사대부들이 공민왕의 개혁 정책에 대해 이야기하고 있어요. 네 사람의 이야기를 듣고 문제를 풀어 보세요.

공민왕 고려 제31대 왕으로, 원을 배척하고 개혁 정치를 펼침.
권문세족 벼슬이 높고 권세가 있는 집안.
정동행성 고려 충렬왕 때에, 원이 고려의 정치를 간섭하기 위해 개경에 설치한 관청.
공녀 고려 때 원의 요구로 바치던 여자.

고려 시대에 들어온 몽골 풍속, 족두리

용덕: 얘기 들었나? 공민왕께서 원과 친하게 지내는 권문세족을 싸그리 몰아내고 정치를 바로잡았다네. 백성들에게 불법으로 뺏은 땅도 모두 돌려주라고 했다더군. 고려 정치를 간섭하던 정동행성도 없앴네. 그뿐 아니라 원의 옷차림이나 머리 모양도 모두 금지했어. 이제 고려도 원의 간섭에서 벗어날 거야.

중만: 응, 들었네. 그런데 이러다가 혹시 원과 전쟁을 치르게 되는 것 아닌가? 아무리 힘이 약해졌다고는 해도 원은 큰 나라일세. 원의 비위를 거스르면 다시 쳐들어오지 말라는 법도 없지. 고려 땅에서 다시 전쟁이 벌어진다는 생각만으로도 너무 끔찍하군.

형수: 아니, 전쟁이 대수인가? 그동안 원이 얼마나 고려를 괴롭혔는데. 원 황제는 자기 마음대로 고려 왕을 바꾸었어. 고려 여자들을 공녀로 많이 끌고 가는 바람에 결혼도 할 수 없었지. 그뿐인가? 농사지은 곡식과 인삼, 사냥매 같은 공물을 실어 나른 것은 또 얼마인가? 난 십 년 묵은 체증이 확 내려가는 것 같구먼.

대풍: 속도 시원하고 원이 차지한 북쪽 땅도 빼앗아 영토도 넓혔어. 그렇지만 공민왕은 권문세족을 완전히 몰아내지 못했다네. 권문세족들이 신돈이 왕을 꿈꾼다는 소문을 퍼뜨려 공민왕과 신돈 사이를 갈라놓았거든. 원이 쳐들어오지 않더라도 권문세족 때문에 고려는 다시 혼란에 빠질 거야.

문제 발견

1 공민왕의 개혁 정책에 긍정적인 입장을 가진 친구와 부정적인 입장을 가진 친구의 이름을 나누어 쓰세요.

(1) 긍정적인 입장	(2) 부정적인 입장

문제 탐색

2 다음은 네 사람의 주장에 대한 근거입니다. 빈칸에 알맞은 말을 쓰세요.

용덕	• 백성들에게 불법으로 빼앗은 땅을 돌려주게 하는 등 권문세족을 몰아내고 정치를 바로잡았다. • 원의 관청인 정동행성을 없애고 원의 풍습도 금지했다.
중만	• (1) ( )
형수	• 원은 고려 왕을 마음대로 바꾸고 공녀를 끌고 가며 공물을 실어가는 등 횡포를 부렸다.
대풍	• (2) ( )

문제 해결

3 공민왕의 개혁 정책에 대해 어떻게 생각하는지 ○표 하고, 그 까닭을 함께 쓰세요.

• 나는 공민왕의 개혁 정책이 (1) (잘한 일 / 잘못한 일)이라고 생각한다. 왜냐하면, (2) _____

_____ 때문이다.

논술

선사 시대　　고조선 시대　　삼국 시대　　남북국 시대　　고려 시대　　**조선 전기**　　조선 후기　　개항기　　일제 강점기　　대한민국

학습 내용	한국사	선죽교에서 죽은 정몽주의 이야기를 읽고 고려 말의 상황을 짐작해 봐요.
	독해	조선의 한양과 건축물에 담긴 유교 사상을 파악해 봐요.
	논술	이성계의 조선 건국에 대한 찬반 입장을 살펴보고 평가하는 글을 써 봐요.

11주

선죽교에 새겨진 붉은 피

고려 멸망과 조선 건국

선죽교에 새겨진 붉은 피

정몽주는 고려 말기 우왕 때의 충신이었어요. 위화도 회군으로 권력을 잡은 이성계 세력과 정몽주는 개혁에 대한 생각이 달라 치열하게 싸웠지요.

"고려는 뿌리까지 썩었소. 고려를 무너뜨리고 새로운 나라를 세웁시다!"

"천 년을 이어 온 고려를 함부로 없앨 수는 없습니다. 고려의 이름 아래 잘못된 것들을 고쳐 나가야 합니다."

이성계 세력은 새 나라를 세우는 데 반대하고 고려를 유지하자고 하는 정몽주를 눈엣가시로 여겼지요. 그러던 중 이성계가 사냥을 나갔다가 말에서 떨어져 다쳤어요. 정몽주는 이성계를 병문안하러 갔어요.

"이성계 장군, 몸은 좀 어떠십니까?"

"견딜 만합니다. 포은 선생이 친히 오셔서 감읍할 따름입니다."

정몽주가 병문안을 마치고 나오자, 이성계의 다섯째 아들 이방원이 차를 대접했어요. 이방원은 「하여가」라는 시를 지어 정몽주의 마음을 떠보았어요.

"이런들 어떠하며 저런들 어떠하리. 만수산 드렁칡이 얽혀진들 어떠하리. 우리도 이같이 얽혀서 백 년까지 누리리라."

이방원은 시를 통해 산의 칡넝쿨처럼 함께 손잡고 새 나라에서 잘 살아 보자고 한 거예요.

정몽주도 답시를 읊었지요.

"이 몸이 죽고 죽어 일백 번 고쳐 죽어, 백골이 흙이 되어 넋이라도 있고 없고, 임 향한 일편단심이야 가실 줄이 있으랴."

정몽주는 「단심가」로 고려를 지키려는 마음을 전했어요.

차를 마시고 난 정몽주가 선지교라는 다리를 지날 때였어요. 갑자기 검은 그림자가 나타나 말머리를 치는 바람에 말이 넘어졌어요. 곧이어 이방원의 부하들이 들이닥쳐 정몽주를 죽였지요. 정몽주의 굳은 마음을 알게 된 이방원은 새 나라를 세우는 데 걸림돌이 될 수밖에 없다고 생각해서 정몽주를 없앤 거예요.

정몽주가 죽고 난 그 자리에는 붉은 참대나무가 자라났어요. 그때부터 사람들은 선지교에 대나무 '죽(竹)' 자를 넣어 '선죽교'라고 부르기 시작했지요. 선죽교에는 아직도 정몽주가 흘린 핏자국이 남아 있어 비 오는 날이면 선죽교 아래로 붉은 빗물이 흐른답니다.

한국사 퀴즈

고려의 마지막 충신이었던 □□□은/는 선죽교에서 죽임을 당했어요.

이야기 속에 나왔던 용어를 따라 쓰면서 설명을 읽어 보세요. 그리고 오른쪽 문제도 함께 풀어 보세요.

고 려 멸 망

고려 말기에는 공민왕의 개혁 노력이 실패하면서 권문세족의 사치와 부패로 나라가 어지러웠어요. 공민왕 때부터 과거를 통해 등장한 신진 사대부는 이런 고려를 개혁하려고 했어요.

한편 당시 중국은 원이 힘을 잃고 명이 세력을 키워 가던 시기였지요. 명이 공민왕 때 차지한 고려의 북쪽 땅을 요구하자 화가 난 고려 우왕과 왕의 장인 최영은 고려 최고의 장수였던 이성계에게 요동 정벌을 명령했어요. 그러나 요동을 공격하러 떠났던 이성계는 압록강 가운데에 있는 위화도에서 군대를 되돌려 우왕과 최영을 제거하고 고려의 권력을 장악했어요. 고려를 유지하려는 정몽주 세력을 없앤 이성계는 고려를 멸망시키고 1392년에 조선을 건국했어요.

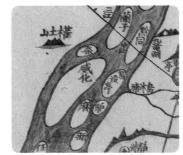

『대동여지도』에 표시된 위화도

정 몽 주

정몽주

이색, 길재와 함께 '삼은'으로 불리던 고려 말의 문신이자 학자였어요. 이색은 성리학에 뛰어난 정몽주를 우리나라 성리학의 창시자라고 평가했어요. 정몽주는 명에 밀린 조공을 면제받고 왜에 잡혀간 고려인 수백 명을 데려오는 등 외교관으로도 빼어난 능력을 보였어요.

그러나 고려 왕조를 지키려는 정몽주는 이성계 세력과 맞설 수밖에 없었어요. 결국 정몽주가 이방원에게 죽임을 당하면서 고려가 멸망하고 조선이 세워졌어요.

선 죽 교

북한 황해북도 개성시에 있는 고려 시대의 돌다리예요. 다리 동쪽에는 '선죽교'라고 한석봉이 쓴 비가 있어요. 이 다리는 정몽주가 이성계를 문병하고 오다가 이방원의 부하들에게 피살된 곳으로 유명하지요. 원래 이름은 선지교였는데, 정몽주가 죽은 뒤 선죽교로 이름이 바뀌었어요.

선죽교는 길이 8.35미터, 너비 3.36미터로, 화강암으로 만들어졌어요. 다리의 돌기둥은 사각의 받침돌, 팔각의 중간돌, 비석과 같은 돌을 올려 3단으로 만들었지요. 돌로 만든 난간은 정조 때 만들어진 것이에요. 다리 옆에는 정몽주의 공적을 적은 비석이 들어 있는 비각도 있답니다.

1 정몽주에 대해 알맞게 말한 친구에게 ○표 하세요.

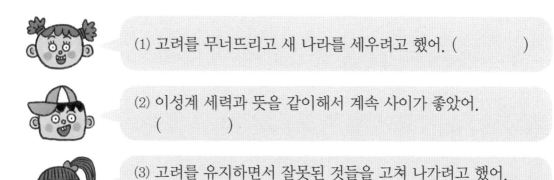

(1) 고려를 무너뜨리고 새 나라를 세우려고 했어. (   )

(2) 이성계 세력과 뜻을 같이해서 계속 사이가 좋았어.
(   )

(3) 고려를 유지하면서 잘못된 것들을 고쳐 나가려고 했어.
(   )

2 이방원과 정몽주가 주고받은 시와 그 뜻을 선으로 이으세요.

(1) 하여가 •

(2) 단심가 •

㉮ 자신의 충성스러운 마음이 변함없다고 밝힘.

㉯ 함께 새 나라를 세워 영화를 누리며 잘 살아 보자고 권유함.

3 다음 빈칸에 들어갈 문화유산의 이름을 쓰세요.

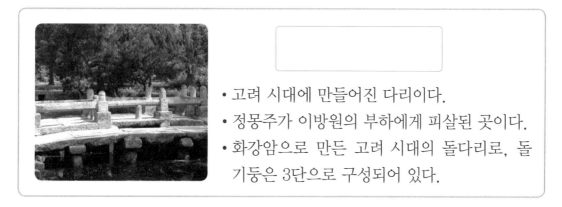

• 고려 시대에 만들어진 다리이다.
• 정몽주가 이방원의 부하에게 피살된 곳이다.
• 화강암으로 만든 고려 시대의 돌다리로, 돌 기둥은 3단으로 구성되어 있다.

독해를 잡아라!

다음은 조선의 한양과 건축물에 담긴 유교 사상에 대한 글이에요.
다음 글을 꼼꼼히 읽고 문제를 풀어 보세요.

한양의 지도, 「한양도」

(가) 새 나라 조선은 유교를 바탕으로 세워진 나라였어요. 조선을 세운 이성계 세력은 임금부터 백성까지 모두 유교 질서에 따라 생활해야 한다고 생각했어요.

(나) 한양의 지도를 보면, 맨 위쪽에는 왕이 사는 궁궐이 모여 있어요. 그 아래 양반들의 공간인 의정부와 6조, 북촌이 왕을 받드는 것처럼 있고, 맨 아래쪽에는 백성들의 공간인 남촌이 있었지요. 이것은 유교적인 생각에 따라 신분별로 공간을 나누어 배치한 거예요.

(다) 한양에서 제일 중요하게 생각했던 건물은 나라를 상징하는 종묘와 사직단이었어요. 종묘는 역대 조선의 왕과 왕비의 위패를 모신 사당이고, 사직단은 땅과 곡식의 신에게 제사를 지내던 곳이었지요. 유교에서는 조상을 모시는 효와 농사짓는 일을 중시했어요.

(라) 궁궐과 사대문도 유교의 덕목에 따라 이름 붙였어요. 법궁이었던 경복궁에는 임금이 덕으로써 나라를 다스려 만 년 동안 큰 복을 누리라는 뜻이 담겨 있어요. 한양에 있는 네 개의 큰 성문인 사대문의 이름도 유교 덕목인 '인의예지(仁義禮智)'에서 따왔어요. 동쪽 문인 흥인지문은 인자함을 일으킨다는 뜻, 서쪽 문인 돈의문은 의리를 지키고자 노력한다는 뜻, 남쪽 문인 숭례문은 예의를 존중한다는 뜻, 북쪽 문인 숙정문은 정숙하고 조용하기를 바란다는 뜻을 담았어요.

(마) 조선은 유교를 나라의 근본으로 삼아 건물뿐 아니라 일상생활 곳곳에 유교의 영향이 미치지 않은 곳이 없을 정도였답니다.

1 다음 빈칸에 들어갈 알맞은 낱말은 무엇입니까? (   )

> 조선을 세운 이성계 세력은 임금부터 백성까지 모두 [   ] 질서에 따라 생활해야 한다고 생각했다.

① 불교   ② 도교   ③ 유교
④ 동학   ⑤ 천주교

2 다음 건물의 쓰임새를 선으로 이으세요.

(1) 종묘 •

(2) 사직단 •

㉮ 땅과 곡식의 신에게 제사를 지내던 곳.

㉯ 역대 조선 왕과 왕비의 위패를 모신 사당.

3 다음에서 설명하는 문화유산의 이름을 쓰세요.

근정전

• 왕이 살던 궁궐로, 조선의 법궁이었다.
• 임금이 덕으로써 나라를 다스려 만 년 동안 큰 복을 누리라는 뜻을 담았다.
• 근정전은 이 궁궐의 중심 건물이다.

(   )

논술을 잡아라!

다음은 조선 건국에 대한 신문 기사와 이 기사를 본 두 신하의 의견이에요. 다음 글을 꼼꼼히 읽고 문제를 풀어 보세요.

의례 정하여진 방식에 따라 치르는 행사.
옥새 국권을 상징해 국가적 문서에 사용하던 임금의 도장.
반역 통치자에게서 나라를 다스리는 권한을 빼앗음.
부대 종이, 피륙, 가죽 등으로 만든 큰 자루.

역사 신문 제 23호   1392년 7월 3일

새 나라, 조선 탄생!

1392년 7월, 태조 이성계가 개경 수창궁에서 신하들의 아침 의례를 받고 왕이 되면서 조선이 탄생했다. 이미 전날 여러 신하들은 고려 최고 회의 기관인 도평의사사에 모여서 이성계를 새로운 왕으로 모시기로 했다.

신하들은 이성계가 고려를 이어받는다는 것을 백성들에게 보여 주려고 대비 안씨에게 옥새를 이성계에게 넘기게 했다. 태조는 옥새를 여러 번 거절하다가 마침내 이를 받아들였다. 새 임금 태조는 나라 이름을 '조선'으로 정하고, 백성이 잘사는 나라를 만들 것이라고 발표했다.

태조 이성계

정후: 쯧쯧, 기어코 새 나라를 세웠군. 부패한 권문세족을 몰아내고 잘못된 점을 고치면 되지, 굳이 새 나라를 세울 일인가? 게다가 고려의 신하된 자로서 왕을 폐하고 새 왕조를 세운 일은 고려에 대한 반역이야. 태조 이성계는 새로운 나라를 세운 왕이 아니라 고려를 배신한 반역자일세.

조준: 아니, 반역자라니? 고려를 지배하던 왕과 권문세족은 썩을 대로 썩은 상태였어. 새 술은 새 부대에 담아야 하는 법일세. 새로운 세상을 만들려면 부패한 고려가 아니라 새로운 나라가 필요한 거야. 진정 나라를 위하는 길이 무엇인지 생각해 보게. 부패한 고려를 무너뜨리고 조선을 세운 것은 혁명이야.

116

문제 발견

1 두 신하의 의견에 대한 근거는 무엇인지 쓰세요.

의견	(1) 정후: 조선 건국은 반역이다!	(2) 조준: 조선 건국은 혁명이다!
근거		

문제 탐색

2 만약 조선이 건국되지 않았다면 어떤 일이 생겼을지 상상하여 쓰세요.

• 조선이 건국되지 않았다면 _____

_____

_____

문제 해결

3 조선 건국에 대해 어떻게 생각하는지 ○표 하고, 그 까닭을 함께 쓰세요.

• 나는 조선 건국이 (1) (**반역 / 혁명**)이라고 생각한다. 왜냐하면 (2) _____

_____

_____ 때문이다.

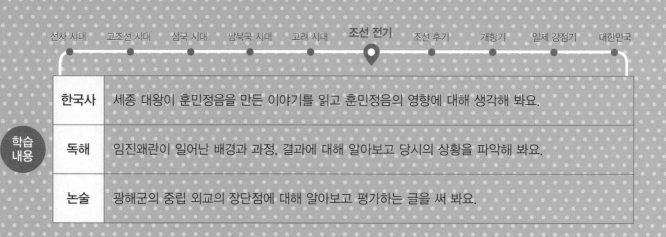

학습 내용	한국사	세종 대왕이 훈민정음을 만든 이야기를 읽고 훈민정음의 영향에 대해 생각해 봐요.
	독해	임진왜란이 일어난 배경과 과정, 결과에 대해 알아보고 당시의 상황을 파악해 봐요.
	논술	광해군의 중립 외교의 장단점에 대해 알아보고 평가하는 글을 써 봐요.

12주

백성을 위해 글자를 만든 세종

조선 전기 문화 발달과 임진왜란

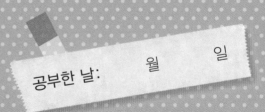

공부한 날: 월   일

백성을 위해 글자를 만든 세종

조선 최고의 성군이라고 불렸던 세종 대왕은 책을 좋아해 젊은 시절부터 눈이 좋지 않았어요. 학문을 사랑했던 세종은 충녕 대군 시절부터 한시도 책을 손에서 놓지 않았지요. 아버지 태종은 아들의 건강을 염려해 방에서 책을 모두 치우게 했어요.

"아! 다행이다. 병풍 속에 있던 책은 아무도 발견하지 못했군."

세종은 하나 남은 책마저 뺏길까 봐 이불을 쓰고 몰래 읽었어요.

얼마 뒤, 태종은 *상왕으로 물러나며 세종에게 왕위를 물려주었어요. 왕이 된 세종은 억울한 일이 있어도 글자를 몰라 하소연조차 할 수 없는 백성들의 처지를 안타까워했어요.

"한자는 너무 어렵다. 백성들이 쉽게 깨우칠 수 있는 글자가 필요해."

세종은 세자에게 잠시 나랏일을 맡기고 직접 새 글자를 만들기로 마음먹었어요. 학문이 뛰어났던 세종이었지만 글자 만드는 일은 쉽지 않았어요.

*상왕 자리를 물려주고 들어앉은 임금을 이르는 말.

세종은 밤늦게까지 책을 보는 탓에 눈도 침침해졌고 건강도 나빠져 앓고 있던 소갈증도 심해졌어요.

"아바마마, 건강이 염려되옵니다. 잠시 온천에 다녀오시지요."

"그래, 네 말이 옳다. 조만간 한번 다녀오마."

세종은 세자의 말대로 온천에 다녀오기로 했어요. 왕의 행차에 비용이 많이 들 것을 염려한 세종은 채비를 간소하게 하라고 일렀어요. 그러나 한글 연구만은 멈출 수 없어 책들을 바리바리 싸서 들고 가려고 했지요.

"백성의 부담을 줄이고자 수행원조차 줄이는 마당에 책을 가져가시는 것은 옳지 않습니다."

집현전 학자 최만리까지 나서서 말렸지만 세종의 굳은 결심을 꺾을 수는 없었어요. 세종은 요양 중에도 새 글자 개발에 힘썼어요.

1443년, 마침내 세종은 백성을 위한 새 글자 '훈민정음'을 만들어 냈지요. '훈민정음'은 '백성을 가르치는 바른 소리'라는 뜻이에요. 새 글자 덕분에 한자를 모르는 백성들이 자신의 뜻을 전할 수 있게 되었어요.

세종이 만든 훈민정음은 세계에서 가장 과학적인 글자로, 세종 대왕의 가장 큰 업적이에요.

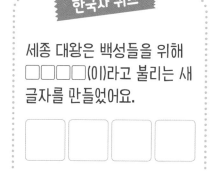

한국사 퀴즈

세종 대왕은 백성들을 위해 □□□□(이)라고 불리는 새 글자를 만들었어요.

이야기 속에 나왔던 용어를 따라 쓰면서 설명을 읽어 보세요. 그리고 오른쪽 문제도 함께 풀어 보세요.

훈 민 정 음 창 제

훈민정음은 세종 대왕이 1443년에 만들어 3년간의 시험을 거친 뒤 1446년에 발표한 우리나라 고유의 글자예요. 한글이 만들어지기 전에는 글을 쓸 때 한자만 써야 했어요. 그러다 보니 '꼬끼오'나 '풍덩' 같은 말은 한자로 기록할 수 없어 불편했지요. 게다가 일반 백성들은 한자를 배우기 어려워 글을 쓰지 못했어요. 이런 상황에서 세종은 우리나라의 말과 글에 잘 맞으면서 백성들이 누구나 쉽게 배워 자유롭게 자신의 생각을 표현할 수 있는 글자를 만들었어요. 훈민정음은 처음 만들어질 당시 자음 17자, 모음 11자의 총 28자였어요. 이 자음과 모음을 합쳐 글자를 만드는데, 최소한의 글자로 모든 소리를 표현할 수 있는 과학적인 글자예요. 세종은 훈민정음을 만들어 조선의 문화를 꽃피웠어요.

『훈민정음 해례본』

세 종 대 왕

조선의 제4대 임금으로, 조선 역사상 가장 큰 업적을 남긴 왕이에요. 태종의 셋째 아들로, 어렸을 때부터 학문을 좋아했어요. 집현전을 만들어 학문을 연구하고 나라를 다스릴 인재를 키워 냈지요.

한글을 창제하고 측우기, 혼천의 등을 만들어 과학 기술을 발전시키는 한편, 『농사직설』이라는 농사 관련 책을 만들어 백성들의 생활을 돌보았지요. 여진족을 몰아내고 4군 6진을 개척해 국경을 넓히고 국방도 튼튼히 했어요. 세종은 정치, 경제, 국방, 문화 등 다방면에 걸쳐 훌륭한 업적을 쌓았어요.

집 현 전

집현전은 '지혜로운 학자들이 모인 집'이라는 뜻이에요. 국립 학문 연구소였던 집현전에는 성삼문, 박팽년, 신숙주, 정인지 같은 뛰어난 학자들이 모여 나라를 다스리는 데 필요한 여러 가지 제도와 문물을 연구했어요. 외국으로 보내는 다양한 외교 문서를 만들기도 하고, 『고려사』를 비롯해 『팔도지리지』와 『의방유취』 등 역사책과 유교 경전, 법전, 의학 책 같은 나라에 필요한 많은 책들을 펴냈어요.

집현전 자리에 세워진 경복궁 수정전

1 세종이 새 글자를 만들려고 했던 까닭을 <u>두 가지</u> 고르세요. (　　　　)

① 아버지 태종이 만들라고 명령해서

② 한자는 백성들이 배우기 어려운 글자라서

③ 백성들이 새 글자를 만들어 달라고 부탁해서

④ 집현전 학자들이 새 글자를 만들자고 건의해서

⑤ 백성들이 글자를 몰라 억울한 일을 당할 때가 많아서

2 다음에서 설명하는 '이것'은 무엇인지 쓰세요.

> • '이것'이 만들어져 한자를 모르는 백성도 글을 읽고 쓸 수 있게 되었다.
> • 모든 소리를 '이것'으로 표현할 수 있으며 과학적이면서도 배우기도 쉬운 글자였다.
> • '이것'은 1443년에 세종이 만든 새 글자로, 백성을 가르치는 바른 소리라는 뜻을 가지고 있다.

(　　　　　　　　　　)

3 세종에게 본받을 점을 알맞게 말한 친구에게 ○표 하세요.

(1) 몸이 아플 때는 무리하지 않고 잠시 뒤로 물러설 줄 아는 점을 본받아야겠어. (　　　)

(2) 부모님이 반대하셔도 자신이 좋아하는 책읽기를 끝까지 해 내는 점을 본받아야 해. (　　　)

(3) 몸이 아픈 상황에서도 목표한 일을 끝까지 노력해서 이루어 내는 점을 본받아야겠어. (　　　)

독해를 잡아라!

다음은 임진왜란의 전개 과정에 대한 글이에요. 다음 글을 꼼꼼히 읽고 문제를 풀어 보세요.

글의 주제
일본이 조선을 침략해 임진왜란이 벌어졌으나 의병들의 항전과 이순신의 활약으로 승리했다.

문단별 중심 내용
(가) 조선은 평화로운 시절을 보냈지만 일본은 조선을 침략할 계획을 세웠음.
(나) 일본이 침략한 뒤 조선이 계속 패하자 조선 조정은 명에 원군을 요청함.
(다) 전국 각지에서 의병들이 일어나 일본에 맞서 싸웠음.
(라) 휴전 협상 결렬 후 일본은 조선·명 연합군과 이순신의 수군에 패해 전쟁이 끝났음.

(가) 조선은 세종 대 이후 평화로운 시절을 보냈지만, 일본에서는 전국을 통일한 도요토미 히데요시가 조선을 침략할 계획을 세웠어요.

(나) 1592년 4월, 일본은 명을 치러 가는 길을 빌려 달라는 핑계로 조선을 침략했어요. 임진왜란이 시작되자 군사력이 약해져 있던 조선은 계속 패했어요. 일본군은 파죽지세로 부산에 상륙한 지 20여 일 만에 서울에 들어왔지요. 선조는 의주로 피란했고, 일본군은 평양을 점령하고 함경도까지 침략했어요. 선조가 명에 원군을 요청하자, 명은 일본이 명까지 침략할까 봐 5만여 명의 군대를 보냈어요.

(다) 조선의 군대도 당하고 있지만은 않았어요. 조선·명 연합군은 평양성을 되찾고 일본군에 반격했어요. 전국 각지에서는 유생, 승려, 농민들이 의병을 만들어 일본군과 맞서 싸웠지요. 홍의 장군 곽재우는 진주성에서 김시민의 관군과 연합해 전라도를 지켜 냈어요. 금산에서는 조헌과 700명의 의병이 싸웠어요. 금강산에서는 사명 대사가, 묘향산에서는 서산 대사가 승병들을 이끌었지요. 의병들의 항전은 조선이 임진왜란에서 승리한 최대의 원동력이었어요. 바다에서는 이순신의 수군이 옥포와 한산도 등에서 일본 수군을 격파했어요.

(라) 일본은 전세가 불리해지자 조선과 명에 휴전을 제안했어요. 그러나 협상이 잘 이루어지지 않자, 다시 전쟁이 계속됐어요. 이에 육지에서는 조선·명 연합군이, 명량 앞바다에서는 이순신이 일본군을 쳐부수었어요. 큰 피해를 입은 일본군이 철수하기 시작했고, 이순신이 노량에서 큰 승리를 거두면서 7년에 걸친 전쟁이 끝났어요.

이순신 장군님, 멋지다!

공격해라!!

으아악~

1 임진왜란 때 벌어진 일의 차례대로 번호를 쓰세요.

(1) 일본이 조선을 침략해 선조가 의주로 피란했다.

(2) 노량 해전의 승리를 끝으로 7년간의 전쟁이 끝났다.

(3) 전세가 불리해진 일본은 조선과 명에 휴전을 제안했다.

(4) 전국 각지에서 유생, 승려, 농민들이 의병을 만들어 일본군에 반격했다.

2 임진왜란에서 조선이 승리할 수 있었던 까닭은 무엇입니까? (   )

① 조선 조정이 명에 원군을 요청해서
② 명 군대가 최신식 무기로 일본군을 물리쳐서
③ 조선 조정이 피란하지 않고 백성들과 함께 싸워서
④ 일본군이 조선을 침략한 뒤 스스로 자기 나라로 돌아가서
⑤ 유생, 승려, 농민 등 일반 백성들이 의병을 만들어 싸워서

3 다음에서 설명하는 '이 사람'은 누구인지 이름을 쓰세요.

- '이 사람'은 임진왜란 때 옥포와 한산도 등에서 일본 수군을 격파했다.
- 일본과 명의 휴전 협상 뒤 다시 시작된 일본군의 공격에 맞서 '이 사람'이 이끄는 수군은 명량 앞바다에서 일본군을 쳐부수었고, 노량에서는 큰 승리를 거두었다.

(   )

논술을 잡아라!

다음은 광해군의 중립 외교에 대한 글이에요. 다음 글을 꼼꼼히 읽고 문제를 풀어 보세요.

선전 포고 한 나라가 다른 나라에 대해 전쟁을 시작한다는 것을 공식적으로 알리는 일.
교지 승정원의 담당 승지를 통하여 전달되는 왕명서.
명분 각각의 신분에 따라 마땅히 지켜야 할 도리.
반정 옳지 못한 임금을 폐위하고 새 임금을 세워 나라를 바로잡는 일.

광해군 때 완성된 허준의 『동의보감』

임진왜란 이후 명의 힘이 약해진 사이에 만주의 여진족이 큰 세력으로 성장해 후금을 세웠어요. 후금이 명을 상대로 선전 포고를 하자 명은 후금을 공격하려고 조선에 군대를 보내 달라고 했어요. 당시 조정에서는 임진왜란 때 군대를 보냈던 명과 의리를 지키기 위해 군대를 보내자는 의견이 많았어요.

당시 왕이었던 광해군은 고민 끝에 강홍립을 총사령관으로 1만5천 명의 군대를 보냈어요. 그리고 강홍립에게 비밀 교지를 내려 후금과 싸우는 상황을 보아 항복하라고 명령했지요. 조선은 후금 군대와 싸워 많은 사상자를 냈고 결국 강홍립은 후금에 항복했어요.

광해군은 명과 후금 어느 편에도 서지 않고 중립적인 자세를 취했어요. 임진왜란 때 선조를 대신해 의병을 모아 일본군과 싸웠던 광해군은 전쟁이 얼마나 무서운지 잘 알고 있었어요. 전쟁이 끝난 지 얼마 되지 않은 조선이 다시 전쟁에 휘말리는 일을 막고 싶었지요.

그러나 이 일로 광해군은 유교의 명분을 지키려는 신하들의 공격을 받았어요. 또 다른 문제도 있었지요. 후궁의 자식인 광해군이 세자가 된 뒤 선조와 왕비 사이에서 영창 대군이 태어난 거예요. 그런데 선조가 갑자기 죽자 광해군을 지지한 신하들은 영창 대군이 왕권에 위협이 된다고 생각했어요. 결국 광해군은 영창 대군을 내쫓아 죽게 만들고 그 어머니 인목 대비는 대비 자리에서 쫓아냈지요.

이 사건 이후 영창 대군을 지지했던 신하들은 반정을 일으켜 유교 질서를 어긴 광해군을 쫓아내고 인조를 새 왕으로 세웠어요.

문제 발견

1 임진왜란 이후 조선을 둘러싼 국제 상황은 어떠했는지 쓰세요.

_____

문제 탐색

2 광해군의 외교 정책에서 잘한 점과 잘못한 점을 찾아 정리해 보세요.

(1) 잘한 점	(2) 잘못한 점

문제 해결

3 다음 채원이의 의견에 반박하는 글을 쓰세요.

> 채원: 광해군은 명에 대한 의리를 저버렸어. 임진왜란 때 명이 도와준 것을 잊었나 봐. 명을 버리고 후금 편을 든 것은 잘못이야.

• 광해군은 _____

_____

_____

_____

_____

1주_구석기와 신석기 시대

● 한국사가 궁금해! [11쪽] 뗀석기
● 한국사를 잡아라! [13쪽] 1. ④ 2. (3) ○ 3. (2) ○
● 독해를 잡아라! [15쪽] 1. (2) ○ 2. 신석기 혁명 3. ⑤
● 논술을 잡아라! [17쪽]

1. (1) 예 맹수를 쫓았다. (2) 예 불을 피워 따뜻하게 지냈다.
(3) 예 익혀 먹었다.
2. 예 계속해서 먹을거리를 찾아 떠돌면서 살았을 것이다.
3. (1) 예 불의 발견 (2) 예 인간이 문명을 발전시키려면 우선 살아남아야 한다. 초기의 인류는 동물보다 약했기 때문에 만약 불이 없었다면 살아남지도 못했을 것이다.

2주_고조선의 탄생

● 한국사가 궁금해! [21쪽] 고조선
● 한국사를 잡아라! [23쪽] 1. (1) 1 (2) 4 (3) 2 (4) 3 2. (1) ㉱
(2) ㉮ (3) ㉯
● 독해를 잡아라! [25쪽] 1. (1) × (2) ○ (3) ○ 2. 무덤 3. ②
● 논술을 잡아라! [27쪽]

1. 예 농사를 짓고 살았으며 농사를 지을 때 농기구를 사용했다.
2. 예 농사를 지었다는 것과 개인이 재산을 가졌다는 것, 고조선은 화폐 대신 곡식을 쓸 수 있던 사회
3. (1) 예 농사일이 바쁠 때 도와주면 반드시 곡식으로 갚아야 한다 (2) 예 고조선은 대부분의 사람들이 농사를 짓는 사회였기

3주_삼국의 성립과 발전

● 한국사가 궁금해! [31쪽] 고구려
● 한국사를 잡아라! [33쪽] 1. ③ 2. (2) ○ (4) ○ 3. ⑤
● 독해를 잡아라! [35쪽] 1. (1) 고구려 (2) 백제 2. (1) ○
(2) ○ 3. ③
● 논술을 잡아라! [37쪽]

1. (1) 예 영토를 넓혀 삼국 중 가장 넓은 영토를 가졌다.
(2) 예 백제와 동맹을 맺어 고구려를 밀어내고 백제마저 밀어낸 뒤에는 한강 유역을 모두 차지했다.
2. 예 한반도 동남쪽에 자리 잡고 있어 중국의 앞선 문물을 받아들이기 어려웠기
3. 예 한강 유역을 차지하고 있었다. 한강 유역에서 풍족한 곡식을 얻을 수 있었고 이를 바탕으로 영토를 넓히고 나라를 발전시켰다.

4주_삼국의 문화

● 한국사가 궁금해! [41쪽] 이차돈
● 한국사를 잡아라! [43쪽] 1. (1) × (2) ○ (3) × (4) ○ 2. ②

3. (1) 이차돈 (2) 불교
● 독해를 잡아라! [45쪽] 1. (1) 금 (2) 고구려 2. (1) ㉱ (2) ㉮
(3) ㉯ 3. (3) ○
● 논술을 잡아라! [47쪽]

1. 예 여럿이 함께 말을 타고 활을 쏘며 사냥을 즐겼다.
2. 예 금속을 다루는 기술이 뛰어났다는 사실을 알 수 있다.
3. (1) 예 백제 금동 대향로 (2) 예 금속을 다루는 백제 사람들의 뛰어난 기술 수준을 보여 주고 있기

5주_삼국 통일

● 한국사가 궁금해! [51쪽] 백제
● 한국사를 잡아라! [53쪽] 1. 황산벌 2. ③ 3. (1) ○
● 독해를 잡아라! [55쪽] 1. 을지문덕 2. (3) ○ 3. ⑤
● 논술을 잡아라! [57쪽]

1. 나당 동맹, 백제 멸망, 고구려 멸망, 나당 전쟁(순서대로)
2. 예 백제와 고구려 땅뿐 아니라 신라 땅까지 한반도를 모두 차지하고 싶었기
3. (1) 예 김유신 (2) 예 아무리 좋은 계획을 세워도 실제 전쟁터에서 싸우는 장수가 군대를 잘 지휘하지 못하면 삼국 통일을 이루지 못했을 것이기

6주_통일 신라의 발전

● 한국사가 궁금해! [61쪽] 만파식적
● 한국사를 잡아라! [63쪽] 1. (1) ○ (2) × (3) ○ (4) ×
2. 그다음 해 어느 날 3. ④
● 독해를 잡아라! [65쪽] 1. 불국사 2. (1) ○ (3) ○ 3. ②
● 논술을 잡아라! [67쪽]

1. (1) 예 골과 품에 따라 서라벌에 사는 귀족의 신분에 서열을 매긴 신라의 독특한 신분 제도였다. (2) 예 옷의 색깔, 집의 크기, 사용하는 그릇뿐 아니라 맡을 수 있는 관직이
2. 예 골품에 따라 맡을 수 있는 관직이 정해져 있어 최치원처럼 능력이 있어도 높은 관직에 오를 수 없어 정치에 참여하지 못하는 경우가 많았다.
3. 예 골품에 따라 모든 것이 정해지기 때문에 열심히 공부하거나 노력하는 사람이 적어질 것이다. 또, 능력이 뛰어난 사람보다 신분이 높은 사람만 정치에 참여한다면 사회가 발전하기 어려울 것이다. 신분이 높다고 해서 반드시 능력이 뛰어난 것은 아니기 때문이다.

7주_발해의 건국과 멸망

● 한국사가 궁금해! [71쪽] 발해
● 한국사를 잡아라! [73쪽] 1. (2) ○ 2. ㉯, ㉲, ㉱, ㉮, ㉰
3. 고구려
● 독해를 잡아라! [75쪽] 1. 온돌 2. (2) ○ 3. ②
● 논술을 잡아라! [77쪽]

1. 예 유득공이 발해의 역사를 다룬 『발해고』를 쓰면서 우리 역사에 다시 등장했다.

2. (1) 예 발해를 세우고 다스린 사람들 (2) 예 고구려 유민이 세운 나라여서 고구려와 같은 우리나라의 역사이기

3. 예 발해를 세우고 다스리던 사람들이 모두 고구려 유민이었다는 거야. 일본 역사책은 발해가 고구려의 옛 땅에 세운 나라이며 발해 왕이 스스로 고구려의 왕이라고 불렀다는 사실을 기록했지. 발해 멸망 후 많은 발해 유민들이 고려로 망명했고, 발해 문화의 바탕에 고구려 문화가 있다는 것도 발해가 우리 역사라는 것을 알려 주고 있어.

8주_고려 건국과 후삼국 통일

● 한국사가 궁금해! [81쪽] 왕건
● 한국사를 잡아라! [83쪽] 1. ㉮, ㉱ 2. ② 3. (3) ○
● 독해를 잡아라! [85쪽] 1. (1) ㉯ (2) ㉮ 2. (2) ○
  3. ㉮, ㉲, ㉱, ㉯
● 논술을 잡아라! [87쪽]

1. (1) 예 호족을 자신의 가족으로 만들어 고려 왕실을 안정시켰다. (2) 예 태조가 죽은 뒤 호족들 사이에 치열한 왕위 다툼이 일어났다.

2. 예 지방에 있는 호족들을 고려의 편으로 만들고 호족의 힘을 억눌러 약하게 만들었다.

3. (1) 예 옳았다고 (2) 예 혼인 정책 때문에 왕위 다툼이 일어나기는 했지만 나라가 세워진 지 얼마 되지 않았기 때문에 혼인 정책으로 호족의 힘을 모으지 않았다면 나라가 더 혼란스러웠을 것이기

9주_고려의 발전과 대외 관계

● 한국사가 궁금해! [91쪽] 서희
● 한국사를 잡아라! [93쪽] 1. (1) 송 (2) 거란 2. ② 3. (1) 서 (2) 소 (3) 서 (4) 소
● 독해를 잡아라! [95쪽] 1. ② 2. (1) ㉯ (2) ㉮ 3. (3) ○
● 논술을 잡아라! [97쪽]

1. 예 그릇 표면에 무늬를 새기고 거기에 흰색이나 붉은색의 흙을 메운 뒤 유약을 발라 굽는 상감 기법으로 만들었다.

2. (1) 예 나전 칠기 (2) 예 고려 사람들의 정교하고 아름다운 공예 기술을 보여 주기

3. 예 나전 칠기 그림/고려인들의 정교한 솜씨, 오색 빛깔 나전 칠기를 만나 보세요!

10주_몽골과 외적의 침입

● 한국사가 궁금해! [101쪽] 화약
● 한국사를 잡아라! [103쪽] 1. ④ 2. ㉲, ㉯, ㉳, ㉮, ㉱
  3. (1) ○
● 독해를 잡아라! [105쪽] 1. (1) ○ (2) × (3) ○ (4) × 2. ㉱
  3. 삼별초
● 논술을 잡아라! [107쪽]

1. (1) 용덕, 형수 (2) 중만, 대풍

2. (1) 예 잘못하여 원의 비위를 거스르면 고려에 다시 전쟁

이 벌어질 수 있다. (2) 예 성과는 있었지만 권문세족을 완전히 몰아내지 못해 고려가 다시 혼란에 빠질 수 있다.

3. (1) 예 잘한 일 (2) 예 원의 간섭에서 벗어나려는 시도조차 하지 않았다면 고려는 계속 원의 간섭을 받았을 것이기

11주_고려 멸망과 조선 건국

● 한국사가 궁금해! [111쪽] 정몽주
● 한국사를 잡아라! [113쪽] 1. (3) ○ 2. (1) ㉯ (2) ㉮
  3. 선죽교
● 독해를 잡아라! [115쪽] 1. ③ 2. (1) ㉯ (2) ㉮ 3. 경복궁
● 논술을 잡아라! [117쪽]

1. (1) 예 고려의 신하로서 이미 있던 왕을 폐하고 새 왕조를 세웠기 때문이다. (2) 예 새로운 세상을 만들려면 부패한 고려가 아닌 새로운 나라가 필요하기 때문이다.

2. 예 고려의 부패한 왕과 권문세족들이 계속해서 고려를 다스려 백성들이 고통을 겪었을 것이다. 그래서 결국 이성계 세력이 아니더라도 백성들이 들고일어났을 것이다.

3. (1) 예 혁명 (2) 예 이성계 세력이 고려를 무너뜨리지 않았더라도 스스로 무너졌을 것이기

12주_조선 전기 문화 발달과 임진왜란

● 한국사가 궁금해! [121쪽] 훈민정음
● 한국사를 잡아라! [123쪽] 1. ②, ⑤ 2. 훈민정음 3. (3) ○
● 독해를 잡아라! [125쪽] 1. (1) 1 (2) 4 (3) 3 (4) 2 2. ⑤
  3. 이순신
● 논술을 잡아라! [127쪽]

1. 예 명의 힘이 약해진 사이에 여진족이 세력을 키워 후금이라는 나라를 세운 상황이었다.

2. (1) 예 국제 정세를 정확하게 파악하여 조선이 다시 전쟁에 휘말리는 일을 막았다.(임진 왜란 이후 조선은 전쟁의 상처를 극복하는 데만 힘쓸 수 있었다.) (2) 예 영창 대군을 내쫓아 죽게 하고 인목 대비를 대비 자리에서 쫓아내서 인조반정의 빌미가 되었다.(영창 대군을 죽게 하고 인목 대비를 대비 자리에서 쫓아내 유교 질서를 어겼다.)

3. 예 명과 후금 모두와 잘 지내려고 했다. 조선은 임진왜란 이후 국력 회복을 위해 노력하고 있어서 안정적인 외교 관계가 필요했다. 그래서 명의 요청대로 군대를 파견했지만 대신 후금을 적으로 돌리지 않기 위해 후금에 항복한 것이다.

[사진 출처] 12 강동구청, 국립 중앙 박물관 | 14 국립 중앙 박물관 | 15, 17 픽사베이 | 22 ㈜토픽이미지스, 국립 중앙 박물관 | 24 ㈜토픽이미지스 | 26~27 국립 중앙 박물관 | 32 ㈜토픽이미지스 | 34 663highland | 35 ㈜토픽이미지스 | 36 Lawinc82 | 42 경주시청, 픽사베이, ㈜토픽이미지스 | 44~45 국립 중앙 박물관 | 46 국립 경주 박물관 | 47 ㈜토픽이미지스, 국립 부여 박물관, 국립 중앙 박물관 | 52 부여군청, 경주시청 | 62 경상북도 향교 재단, ㈜토픽이미지스 | 65 ㈜토픽이미지스 | 66 위키피디아 | 72 Timothy Friesen, 동북아 역사 재단 | 74 연합뉴스 | 75 동북아 역사 재단, 국립 중앙 박물관 | 76 국립 민속 박물관 | 82 국립 중앙 박물관, 위키피디아 | 92 대한 불교 천태종 불교 천태 중앙 박물관, 서희 역사관 | 95 위키피디아 | 96~97 국립 중앙 박물관 | 102 위키피디아, 〈진포 대첩지비〉, 『한국민족문화대백과사전』(encykorea.aks.ac.kr.), ⓒ한국학중앙연구원 104 제주시청 | 106 국립 고궁 박물관 | 112~113 위키피디아 | 114 서울 역사 박물관 | 115 문화재청 경복궁 관리소 | 116 위키피디아 | 122 ㈜토픽이미지스, Blmtduddl | 126 ㈜토픽이미지스

한국사 잡는 독해 ①

2021년 2월 28일 1판 1쇄

글_ 지에밥 창작연구소
그림_ 윤유리
디자인_ 장현순

펴낸이_ 강영주
펴낸곳_ 지에밥
주소_ 경기도 성남시 분당구 장미로 55, 110-1602
전화_ (031)602-0190
팩스_ (031)602-0190, 0504-236-0190
등록_ 제2012-000051호(2011. 10. 20.)
이메일_ slchan01@naver.com
블로그_ blog.naver.com/slchan01
ISBN_ 979-11-85646-21-3